Annegret Jöhnk

Dänisch

Ein Sprachkurs für Schule, Beruf und Weiterbildung

Max Hueber Verlag

Für ihre Mithilfe und Unterstützung danken wir folgenden Personen:
Lis Fischer, Henny Mau, Anne-Marie Ohff, Rita Willer,
Margrethe Stig Hansen, Dietgard Gelbke, Christian Sølling.

Das Lehrwerk *Dänisch* berücksichtigt die Anforderungen des Deutschen Volkshochschul-Verbandes, wie sie in der Broschüre „Grundbaustein Dänisch" dargelegt sind.

Zum Lehrwerk sind außerdem erhältlich:

Arbeitsbuch – Hueber-Nr. 2.5113

2 Cassetten – Hueber-Nr. 4.5113

2 CDs – Hueber-Nr. 6.5113

5. 4. 3. | Die letzten Ziffern
1998 97 96 95 94 | bezeichnen Zahl und Jahr des Druckes.
Alle Drucke dieser Auflage können, da unverändert, nebeneinander benutzt werden.
2. Auflage 1990

Verlagsredaktion: Angelika Strocka · Manfred Zimmer, München
Zeichnungen: Dorte Karrebæk, Humlebæk
Umschlagillustration: Grønne Studie, København
Gesamtherstellung: Allgäuer Zeitungsverlag, Kempten
Printed in Germany
ISBN 3-19-005113-5

Vorwort

Das Lehrwerk *Dänisch* richtet sich an alle, die sich auf einen Aufenthalt in Dänemark oder auf andere Kontakte zu Dänen sprachlich vorbereiten möchten.
Aus diesem Grunde wurde das Lehrwerk kommunikativ ausgerichtet. Das heißt, es soll Ihnen – dem Lernenden – das nötige Rüstzeug dazu geben, Dänen im Gespräch zu begegnen. Hauptziel der Arbeit mit *Dänisch* ist es, Sie zu befähigen, einfache Sprechbedürfnisse in der anderen Sprache auszudrücken und eine Reihe von Alltagssituationen sprachlich zu bewältigen.
Wie ist dieses Ziel zu verwirklichen? Wir gehen davon aus, daß es elementare Mitteilungsbedürfnisse gibt, wenn man sich mit Menschen und Gegebenheiten in einem anderen Land auseinandersetzt. Diese können rein praktischer Art sein, wie z.B. beim Einkauf, Restaurantbesuch oder auch beim Erwerb einer Fahrkarte. Ebenso können sie jedoch auch auf zwischenmenschlicher Ebene liegen. Sie möchten beispielsweise über sich und über Ihre Lebensbedingungen berichten und darüber etwas von Ihrem Gesprächspartner erfahren. All dies bezieht *Dänisch* in sein Konzept ein. Es geht von den Sprechabsichten des Lernenden aus und stellt das Gespräch in den Mittelpunkt des Lerngeschehens. Durch kleine Dialoge und Sprechmuster werden Sie dazu angeleitet, sich Ihrem Gesprächspartner mitzuteilen. Auf diese Weise eignen Sie sich Sprachkenntnisse an, die einen hohen Übertragungswert besitzen. Sie lernen allmählich, Situationen sprachlich zu bewältigen, wie sie im dänischen Alltag vorkommen, und über Themen zu diskutieren, die von allgemeinem Interesse sind. Dies wird besonders durch Partner- und Gruppenübungen sowie durch Rollenspiele erreicht – und damit das Lernen noch mehr Spaß macht, durch gezielte Lernspiele.
Grammatik wird nicht als Selbstzweck angesehen, sondern als Hilfe zum korrekten Sprechen. Um Sie nicht unnötig zu belasten, werden die grammatischen Strukturen aus dem tatsächlichen Sprachgebrauch heraus schrittweise entwickelt und geübt. Systematische Darstellungen erleichtern das Erkennen der Regelhaftigkeit und somit das Einprägen der Strukturen.
Lesetexte, Briefe (auch eine Form der Kommunikation) und Realien (Zeitungsanzeigen, Fahrplanauszüge, Werbung, Witze, Leserbriefe) sollen Ihnen Spaß am Umgang mit der dänischen Sprache vermitteln. Sie erhalten eine Fülle von landeskundlichen Informationen, denn natürlich möchten Sie etwas über das Land erfahren, dessen Sprache Sie erlernen. Das vielfältige Material ist dazu geeignet, Vergleiche zwischen Ihrem Land und Dänemark anzustellen und über Unterschiede und Gemeinsamkeiten mit Dänen oder in Ihrer Lerngruppe zu diskutieren.
Wir hoffen, daß es uns gelungen ist, den Zugang zur dänischen Sprache leicht und anregend zu gestalten und wünschen Ihnen viel Spaß und Erfolg beim Lernen.

Inhalt

Lektion 1	Lernziele	Seite 8
Erste Kontakte Begrüßung	jemanden grüßen und darauf reagieren – sich oder jemanden vorstellen – Auskunft über den eigenen Herkunfts-/Wohnort geben – den Herkunftsort anderer angeben und erfragen – sich verabschieden und darauf reagieren – sich bedanken – sich für den heutigen Abend bedanken und darauf reagieren – nachfragen/jemanden ansprechen – buchstabieren	
Lektion 2	**Lernziele**	Seite 14
Näheres Kennenlernen Begrüßung	nach dem Befinden fragen und darauf reagieren – Auskünfte zur Person geben – sich entschuldigen – Auskünfte über Wohnverhältnisse erteilen und erfragen – jemanden am Telefon begrüßen und darauf reagieren – Zahlen von 1 bis 20	
Lektion 3	**Lernziele**	Seite 20
Art und Größe einer Wohnung Räume	danken und darauf reagieren – Zahlen bis 100 und darüber – Auskünfte geben zur Person und diese erfragen (Alter, Telefonnummer) – Grußformen in Briefen – Auskünfte erteilen und erfragen über Art und Größe der Wohnung/des Hauses – gute Wünsche aussprechen und darauf reagieren – Hoffnung ausdrücken	
Lektion 4	**Lernziele**	Seite 27
Einrichtungsgegenstände Möbeleinkauf	eine Vermutung aussprechen – zustimmen – widersprechen – Zahlen von 100 bis 1000000, Jahreszahlen – Gefallen ausdrücken – Mißfallen ausdrücken – Möbel und Dinge des täglichen Lebens benennen – Einkäufe tätigen	
Lektion 5	**Lernziele**	Seite 31
Familie und persönliche Beziehungen Geburtstagsgruß	über Familienverhältnisse berichten und diese erfragen – private Briefe – jemanden vorstellen – Glückwünsche aussprechen und darauf reagieren	
Lektion 6	**Lernziele**	Seite 35
Gegenstände des täglichen Bedarfs Geldumtausch Monatsnamen	Dinge des täglichen Lebens benennen – bitten, auffordern zum Handeln und darauf reagieren – etwas versprechen – rückfragen – nachfragen – Besitz ausdrücken – um etwas bitten und darauf reagieren – bestätigen, daß etwas so ist – zustimmen, ablehnen – Gefallen, Mißfallen ausdrücken	

Lektion	Lernziele	Seite
Lektion 7 Zeitangaben und Wochentage	Uhrzeiten angeben – jemanden ansprechen und um Auskunft bitten – einen Vorgang nach Wochentagen einordnen	Seite 39
Lektion 8 Kalenderangaben und Verabredungen	etwas zeitlich einordnen – persönliche Auskünfte geben oder erfragen – Gefallen ausdrücken – Enttäuschung, Bedauern ausdrücken – Verabredungen treffen oder absagen – gute Wünsche aussprechen und darauf reagieren	Seite 43
Lektion 9 Anmieten eines Sommerhauses Einrichten eines Sommerhauses	Entfernungen, Abstände erfragen – etwas beschreiben – nach dem Grund fragen – etwas begründen – formale Briefform – zustimmen – bitten – sich verabschieden und dabei gute Wünsche ausdrücken und darauf reagieren	Seite 47
Lektion 10 Tagesablauf und Gewohnheiten	etwas zeitlich einordnen – Auskünfte über den Tagesablauf geben und erfragen – Wünsche aussprechen und darauf reagieren – Grüße aussprechen und darauf reagieren – bestätigen, daß man etwas tun wird/etwas versprechen	Seite 52
Lektion 11 Freizeitbeschäftigung Brief aus dem Urlaub	über Tätigkeiten in der Vergangenheit berichten – Vorgänge, Tatbestände einordnen nach Zeit – einen Tatbestand, Vorgang einordnen nach Ort – eine Verabredung treffen und darauf reagieren – nach Vorlieben, Mißfallen fragen und darauf reagieren	Seite 57
Lektion 12 Essen und Getränke Restaurantbesuch	etwas im Restaurant, Wirtshaus etc. bestellen – nach (Gesamt)Preisen fragen und darauf reagieren – etwas versichern – auf eine Bitte reagieren – etwas versprechen – jemanden einladen – sich nach den Wünschen erkundigen und darauf reagieren – etwas Zukünftiges einordnen – gute Wünsche aussprechen und darauf reagieren – Trinkgeld geben	Seite 61
Lektion 13 Lebensmittel und Einkauf, Gewichte und Verpackungseinheiten	Lebensmittel bezeichnen – verschiedene Läden des täglichen Bedarfs benennen – Mengen angeben – um etwas bitten – sich erkundigen, ob etwas erledigt, getan ist und darauf reagieren – sich entschuldigen – etwas zeitlich einordnen – gute Wünsche aussprechen und darauf reagieren	Seite 65
Lektion 14 Kleidung und Einkauf Farben	Kleidungsstücke benennen – Farben bezeichnen – Wünsche äußern in bezug auf Farbe, Größe und Material	Seite 70

Lektion 15	Lernziele	Seite 74
Beschreibung von Personen	das Aussehen einer Person beschreiben – den Charakter einer Person beschreiben – vergleichen – einen Rat erteilen – Gefallen ausdrücken und darauf reagieren	
Lektion 16	**Lernziele**	Seite 79
Beschreibung von Dingen Wohnen im Hotel	etwas raten, abraten – ein Hotelzimmer reservieren – die Lage eines Hotels oder eines anderen Gebäudes beschreiben – Mitfreude ausdrükken – Mißfallen ausdrücken – etwas versprechen – sich verabreden und darauf reagieren	
Lektion 17	**Lernziele**	Seite 84
Ortsangaben Geographische Lage eines Ortes	etwas nach dem Ort einordnen – Freude ausdrücken – einen Rat erteilen – etwas vorschlagen – zustimmen – ablehnen, ohne den wahren Grund anzugeben – ausdrücken, daß man keine Lust hat – jemanden einladen	
Lektion 18	**Lernziele**	Seite 88
Ferien und Urlaubsformen	über Gewohnheiten sprechen – widersprechen – ein Gespräch beenden – etwas zeitlich einordnen – Gleichgültigkeit, Gelassenheit ausdrücken – Möglichkeit ausdrücken	
Lektion 19	**Lernziele**	Seite 92
öffentliche Einrichtungen und Sehenswürdigkeiten Wegbeschreibung	einen Vorgang/Tatbestand einordnen nach Zeit, Ort und Richtung – Institutionen einer Stadt benennen	
Lektion 20	**Lernziele**	Seite 96
Wetter und Wetterbericht	das Wetter beschreiben – Wetterberichte ansatzweise verstehen – über etwas berichten, was in der Zukunft geschieht – Zugehörigkeit ausdrükken – etwas vorschlagen und darauf reagieren – jemanden einladen und darauf reagieren	
Lektion 21	**Lernziele**	Seite 101
Weihnachtskarte Energiesparen Hinweisschilder	gute Wünsche aussprechen und darauf reagieren – etwas versichern, bestätigen – etwas in verschiedenen Höflichkeitsgraden ausdrücken – jemanden warnen	
Lektion 22	**Lernziele**	Seite 106
Hobbys und Freizeit	über Hobbys und Freizeitbeschäftigungen berichten oder danach fragen – ausdrücken, wozu man Lust hätte – etwas oder eine Person beschreiben	

Lektion 23	Lernziele	Seite 110
Fahrt mit dem Taxi, dem Bus und der Bahn	Hoffnung ausdrücken und darauf reagieren – ein Taxi bestellen – Äußerungen in Verbindung mit einer Busfahrt/Bahnfahrt tun – Orts- und Richtungsangaben machen	

Lektion 24	Lernziele	Seite 114
Tanken und Verkehrsmittel Beschreibung Grönländer in Dänemark Nationalitäten	Äußerungen in Verbindung mit dem Aufsuchen einer Tankstelle/Werkstatt machen – Besorgnis ausdrücken – Notwendigkeit ausdrücken – ein Gespräch einleiten – Auskünfte über den Weg zur Arbeit erteilen – Nationalitätszugehörigkeit ausdrücken – etwas beschreiben – Enttäuschung ausdrücken – ein Kompliment aussprechen und darauf reagieren	

Lektion 25	Lernziele	Seite 118
Beruf und Ausbildung Arbeitsbedingungen	über seine Arbeit und die damit verbundenen Probleme sprechen – Zufriedenheit mit der Arbeit ausdrücken – etwas ablehnen – etwas versichern, bestätigen	

Lektion 26	Lernziele	Seite 122
Körper und Befinden	Körperteile benennen und sagen, wo etwas weh tut – über seinen Gesundheitszustand Auskunft geben – nach dem Befinden fragen und darauf reagieren – Bedauern, Mitleid ausdrücken – raten, abraten – Unzufriedenheit ausdrücken	

Lektion 27	Lernziele	Seite 127
Arztbesuch Verkehrsunfall	über seinen Gesundheitszustand berichten – sein Bedauern ausdrücken – Notwendigkeit ausdrücken – über einen Vorgang/Tatbestand berichten – Sorge zum Ausdruck bringen	

Lektion 28	Lernziele	Seite 131
Bericht über einen Tagesablauf Verabredung	um Erlaubnis bitten – etwas erlauben – Unzufriedenheit ausdrücken – Gelassenheit ausdrücken – jemanden einladen und darauf reagieren – Mitleid ausdrücken – etwas zeitlich einordnen	

Lektion 29	Lernziele	Seite 135
Briefe Heimvolkshochschulen in Dänemark	über etwas berichten und darüber diskutieren – sich verabschieden und darauf reagieren	

Lektionswortschatz Seite 142

Alphabetisches Wörterverzeichnis Seite 172

Grammatikregister Seite 186

Lektion 1

1

Fortæl om dig selv: Jeg hedder …

2

Spørg: Hvad hedder du? Undskyld, hvad hedder du?

3

Fortæl om dig selv: Mit navn er ...

4

5

Fortæl om dig selv: Jeg kommer fra ... Jeg kommer også fra ...

Spørg: Kommer du også fra ...?

6

Se på billedet:
Hvor kommer **Else** fra? → **Hun** kommer fra Ålborg.
Hvor kommer **Jens** fra? → **Han** kommer fra Odense.

Spørg: Hvor kommer ... fra?

Spørg i gruppen:

Hvor	kommer	Ilse	fra?
	er	Hans	
		du	
		...	

Hun	kommer fra	København.
Han	er fra	Danmark.
Jeg		Tyskland.
		Østrig.
		Schweiz.
		...

7

Spørg din nabo. Eksempel: Hvor er Hans Hansen fra? → Han .../Hvor er Else Jensen fra? → Hun ...

Lars Ibsen, Århus
Jens Johansen, Odense
Inge Humlum, Ålborg
Søren Andersen, Ringkøbing

Arne Østerberg, Ribe
Elly Olsen, Nyborg
Karen Lund, København
Bernhard Nielsen, Sønderborg

8

Fortæl, hvad din nabo hedder: Det er ...

9

På en campingplads

(L = Lene, H = Helga, O = Ole)

L: Hej!
H: Hej!
L: Er du også fra Danmark?
H: Nej, jeg kommer fra Tyskland.
L: Fra Tyskland! Du taler vel nok godt dansk!
H: Tak! – Hvad hedder du?
L: Lene Olsen. – Og hvad hedder du?
H: Jeg hedder Helga Steffen. Hvor i Danmark kommer du fra?
L: Fra Ålborg. – Der kommer Ole. Ole, det er Helga. Helga er fra Tyskland.
O: Dav!
H: Dav!

10

A B C D E F G

H I J K L M N

O P Q R S T U

V W X Y Z Ø

Æ Å

11

A: Goddag, mit navn er Pontoppidan.
B: ......? Undskyld, hvad hedder De?
A: Pontoppidan. P-O-N-T-O-P-P-I-D-A-N.

Du er A. Du hedder: Jensen, Hansen, Høng, Ålbæk, Mærsk.
Hvad hedder du virkelig?

12

jeg er	vi er
du/De er	I/De er
han/hun er	de er

13

Lektion 2

1

– Dav, Thomas!
– Hej, Inger! Hvordan har du det?
– Jo tak, jeg har det godt. Og hvordan har du det?
– Tak, jeg har det fint!

2

3

Spørg:

Hvordan har du det?	
Tak, jeg har det	godt! fint! ikke så godt. ikke særlig godt.

4

– Jeg hedder Otto.
– Goddag, hr. Otto!
– Nej, ikke hr. Otto! Otto er mit fornavn, ikke mit efternavn.
– Nåh, undskyld! – Dav, Otto!

5

Spørg:

Hvad hedder	du	til efternavn?
	hr. Becker fru Thatcher frk. Graf ...	til fornavn?

6

0 nul	1 en/et	2 to	3 tre	4 fire	
5 fem	6 seks	7 syv	8 otte	9 ni	
10 ti	11 elleve	12 tolv	13 tretten	14 fjorten	
15 femten	16 seksten	17 sytten	18 atten	19 nitten	20 tyve

7

Det her er telefonnumre:

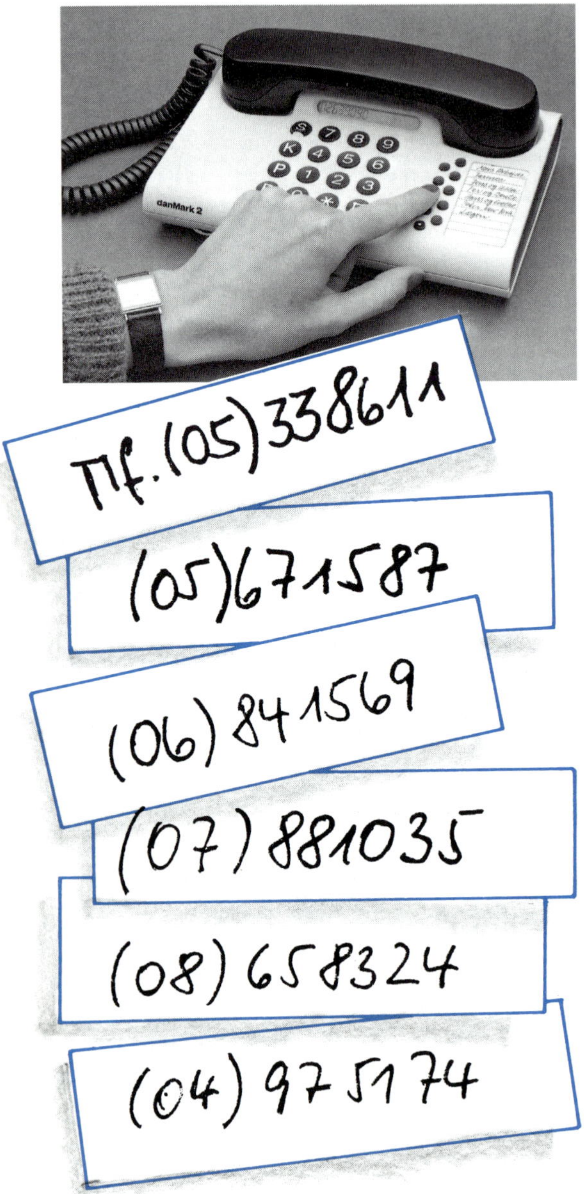

Hjælp din nabo! F. eks.: (03) 176941
Sig: Tryk nul – tre – et – syv – seks – ni – fire – et

8

Bankospil

Skriv:
Tal fra 1–20. Se i øvebogen.

spil 1 spil 2

spil 3 spil 4

9

Spørg:
Hvad er seks plus tre? (6 + 3)
Hvad er tyve minus to? (20 ÷ 2)

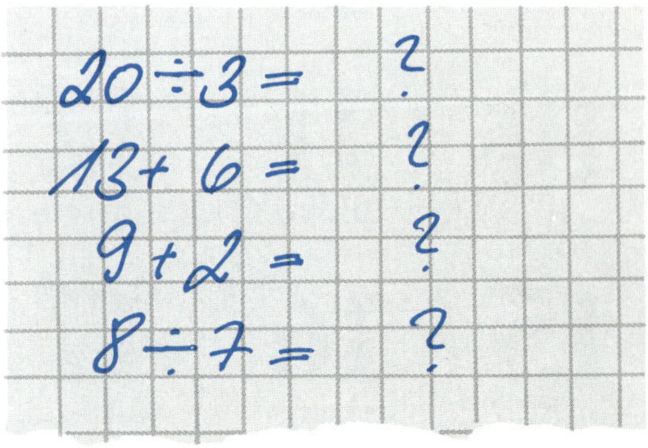

10

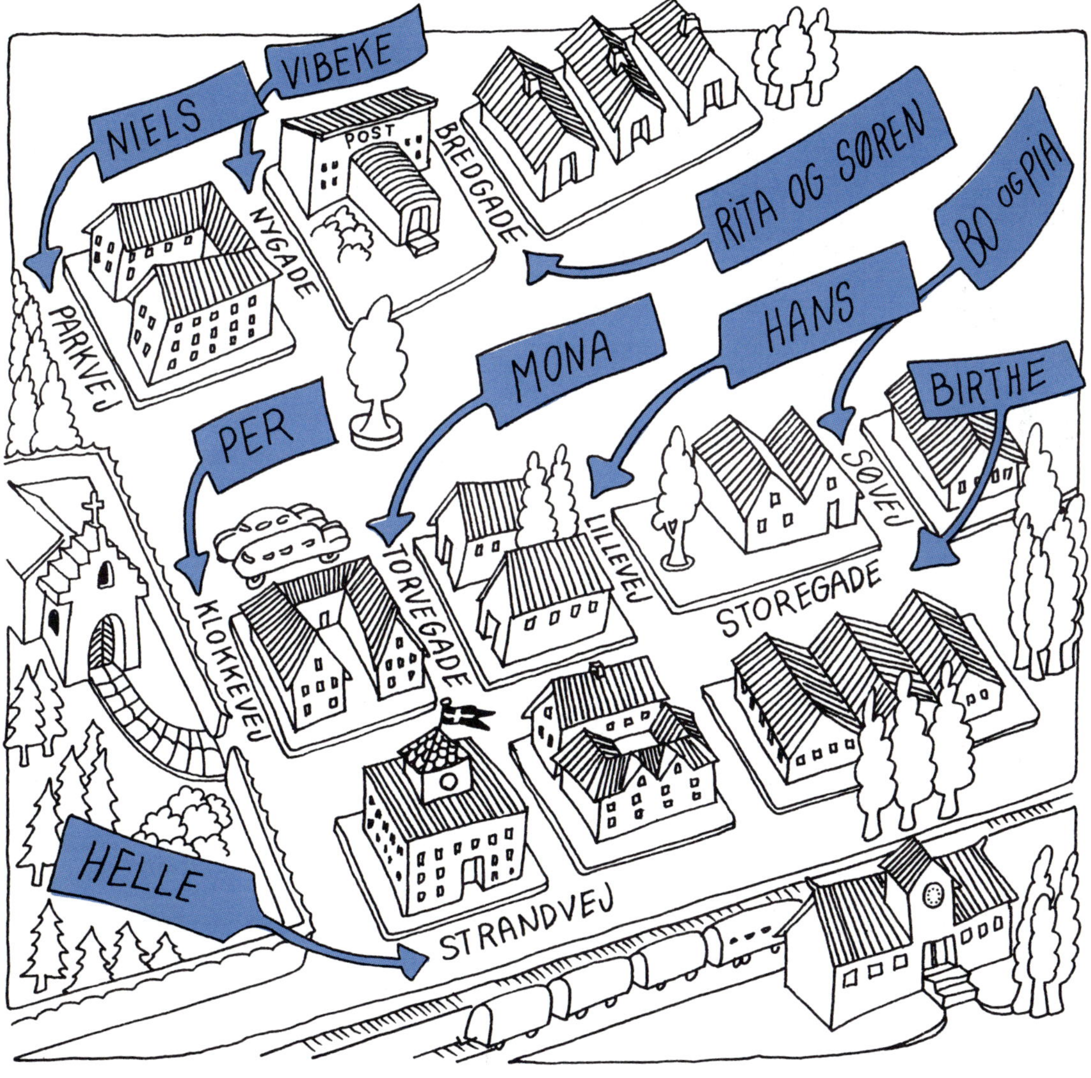

Se på billedet og spørg i gruppen:

Hvor bor	Birthe?
	Niels?
	Rita?
	Søren?
	...
	du?

Birthe	bor	**i** Store**gade.**
Niels		**på** Park**vej.**
Rita		...
Søren		...
...		...
Jeg		...

11

Spørg i gruppen:

Bor du	i byen?	Ja, det gør jeg.
Bor du også	på landet?	Nej, det gør jeg ikke. Jeg ...
	i en gade?	
	på en vej?	
	i (en) lejlighed?	
	i (et) hus?	
	på (et) værelse?	
	på en gård?	
	i Zürich?	
	i Hamborg?	
	i Linz?	

12

en – et

en lejlighed	lejlighed**en**
en gade	gad**en**
en vej	vej**en**
en by	by**en**

et værelse	værels**et**
et hus	hus**et**
et land	land**et**
et nummer	nummer**et**

13

Hr. Gründer og hr. Jensen på en P-plads

(G = hr. Gründer, J = hr. Jensen)

J: Kommer De fra Tyskland?
G: Ja, det gør jeg. Fra Hamborg.
J: Jeg kender Hamborg. Hvor bor De?
G: Jeg bor i Gaußstraße i Altona.
J: Den gade kender jeg ikke.
G: Nej, Hamborg er en stor by. Hvor kommer De fra?
J: Jeg bor på landet. Jeg er fra Falster. Falster er en ø.
G: Falster! ... Ja, Falster kender jeg!
J: Farvel, tak for denne gang!
G: Selv tak, farvel!

14

I en hotelreception

(R = receptionschef, G = gæst)

R: Hvad hedder De?
G: Hansen.
R: Tak ... og Deres fornavn?
G: Niels.
R: Tak, – og hvor bor De, hr. Hansen?
G: Min adresse er Humlevej 10, Viborg.
R: Tak, hr. Hansen! De har værelse nr. 18. Her er nøglen.

Lektion 3

1

2

10	ti	**60**	tres	**21**	enogtyve
20	tyve	**70**	halvfjerds	**22**	toogtyve
30	tredive	**80**	firs	**23**	treogtyve
40	fyrre	**90**	halvfems	**131**	ethundredeogenogtredive
50	halvtreds	**100**	(et) hundrede	**232**	tohundredeogtoogtredive osv.

3

Hun er 35 år.
Hvor gammel er hun?
Hun er 35.

Han er 39 år.
Hvor gammel er han?
Han er ...

Hun er 11 år.
... ...?
... ...

Han er 41 år.
... ...?
... ...

Han er 67 år.
... ...?
... ...

Hun er 76 år.
... ...?
... ...

Spørg i gruppen:

Hvor gammel er	du?	Jeg	er ...
	din mand/kone?	Han	
	din ven/veninde?	Hun	

4

Et brev fra familien Andersen

Kære familie Müller!
Vi er en familie på fire. Jeg hedder Hans,
min kone Birthe og vores to sønner
Thomas og Erik. Vi bor på landet, men
ikke på en bondegård. Vi bor i et lille
hus på Falster. Falster er en lille ø i
Danmark. Jeg er 40 år, min kone
Birthe 37. Thomas er 12 og Erik 10.
Vi håber, at I skriver og fortæller
om jer selv.

Med venlig hilsen

Hans Andersen

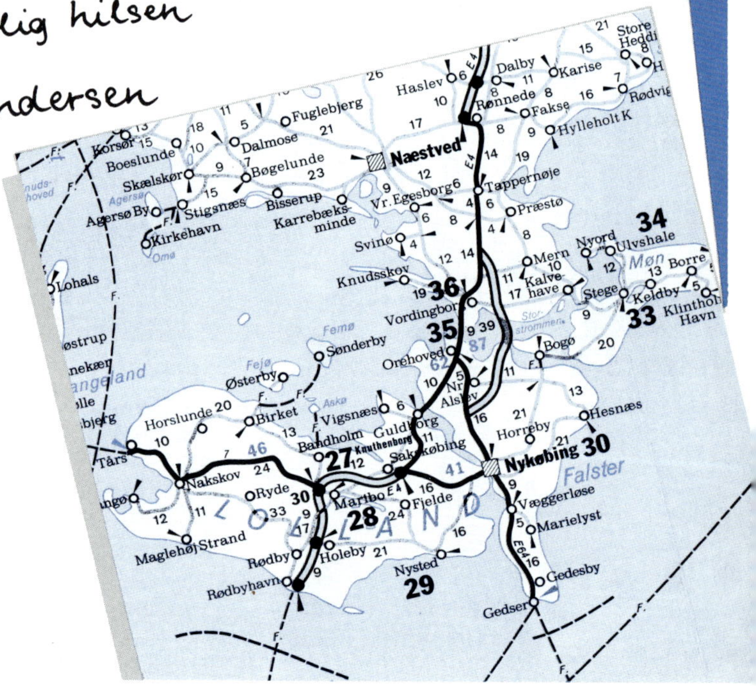

5

Din nabo vil notere telefonnumre. Hjælp din nabo! Sig f.eks.: Bregninge Mølle har områdenummer nul-ni. Bregninge Mølle har nummer toogtyve – tooghalvtreds – femoghalvtreds.

Restaurant BREGNINGE MØLLE
– på toppen af Tåsinge . . .
Stort menukort – udsøgt kaffebord
Indtil 200 personer
Selskaber, forretningsfrokoster, udflugter
Telefon (09)22 52 55

Kongebrogaarden
Middelfart – Telefon (09) 41 03 60
1. kl. køkken, store og små selskaber modtages, **nyd udsigten** til de to broer. Nymonterede værelser.

SLOTSFERIE
i dejlige børnevenlige omgivelser. Dob. vær. inkl. morgenmad, Dkr. 1550,– pr. uge. Kun 14 km fra Odense. Rekvirer brochure.
ULRIKSHOLM SLOTSPENSION
5300 Kerteminde, Fyn, Danmark
Telefon (09) 39 15 44

Stubberup Kro
Den gamle Stubberup Kro
er hyggelig, med god kromad og internationalt spisekort. Indtil 120 kuv.
☎ 09-791011
Middelfartvej 113, 5610 Assens, 10 km fra Assens

NR. SNEDE KRO
— et besøg værd
Nyd et godt måltid mad og frisklavet kaffe i hyggelige omgivelser.
Lokaler til alle formål.
NR. SNEDE KRO
Kgl. privl. Kro 1702
Tlf. (05) 77 10 06

Kongelig Previlegeret Sortebro Kro
v/ DEN FYNSKE LANDSBY – Åben hele året
ODENSE godt spisested
Telefon (09) 13 28 26
Gæstetelefon (09) 14 75 77

Telefontavle

Navn	Omr. nr.	Tlf. nr.	Navn	Omr. nr.	Tlf. nr.
KONGEBRO-			BREGNINGE		
GÅRDEN			MØLLE		
STUBBERUP KRO			ULRIKSHOLM		
			SLOTSPENSION		
SORTEBRO KRO					
			NR. SNEDE KRO		

6

En lejlighed

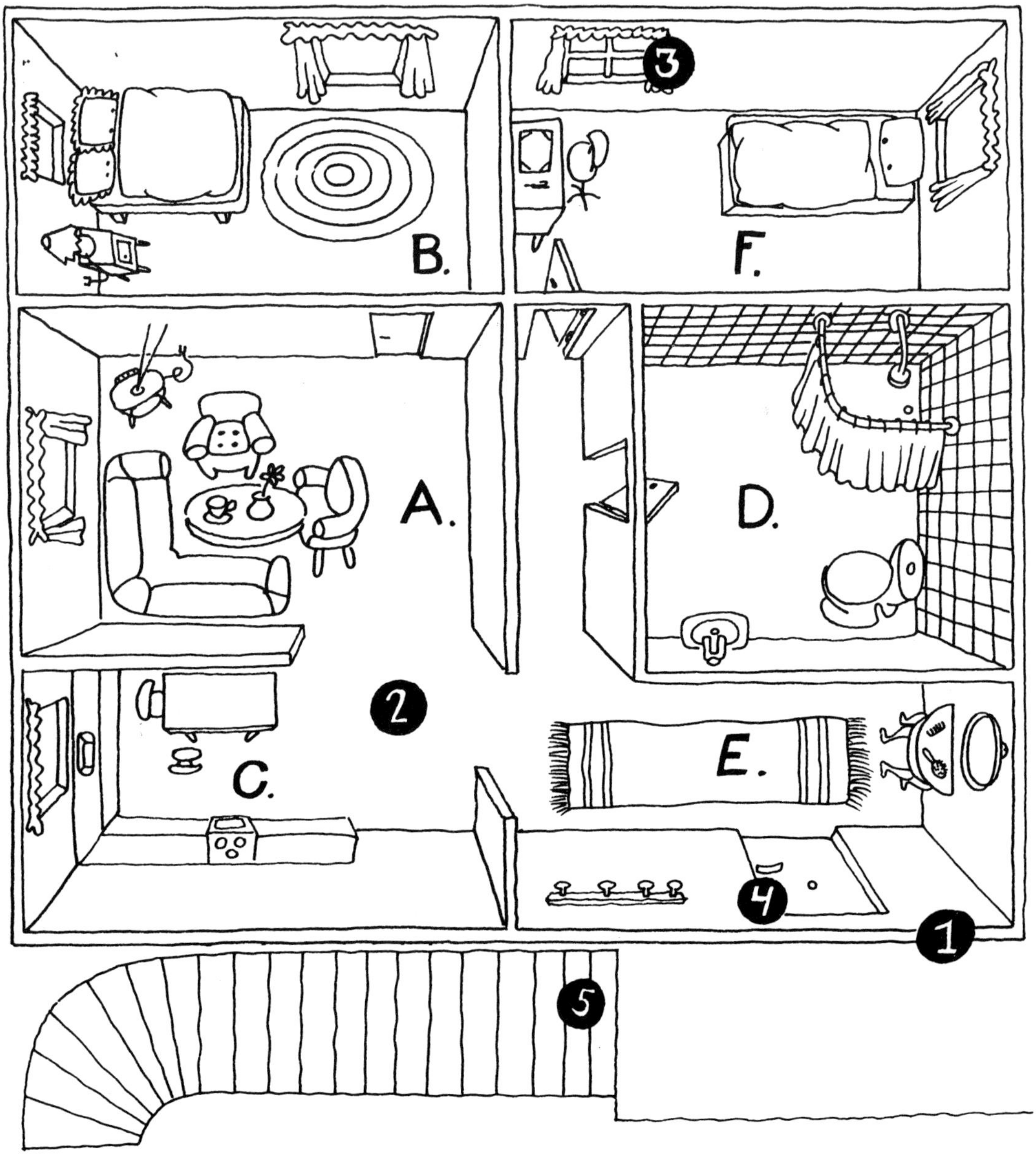

A en stue
B et soveværelse
C et køkken
D et badeværelse/ et toilet
E en entré
F et værelse
1 en væg
2 et gulv
3 et vindue
4 en dør
5 en trappe

7

Fortæl om dig selv:
I min lejlighed har jeg en stue og ...
I mit hus har jeg ...

Spørg:

Har du (også)	en terrasse? en altan? en garage? en kælder? en have?	Ja, det har jeg. Nej, det har jeg ikke.
Hvor stor er / Hvor stort er	**din** lejlighed? **dit** hus? din have? ...	**Den** er på 80 m^2. **Det** er på 95 m^2. ... ...

Himmerlandsvej 25
Rolige omgivelser
Børnevenligt
2 vær.
Sag 4713. En god lys lejl. for ungt par. Nyt køkken, pænt bad og nymalet.
Se den i dag kl. 15.00
Udb. 35.000 Brt. 5.900

Bogholder Alle 29 B,
86 kvm + 11 kvm alt.
Nyere byggeri
3 vær.
Sag 1701. Meget lækker lejl. få min. gang fra Grøndalsparken. Skøn vinkelstue i forb. m/åbent køk., stort soveværelse m/fransk altan, børneværelse, læk. karbadeværelse. m/bruseniche.
Se den idag kl. 13.00
Pris kun kr. 560.000
Udb. 40.000 Brt. 8.949

Himmerlandsvej 27
Dejlig hjørnestue
Alle hårde hvidev.
4 vær.
Sag 9772-js. Godt børnevenligt kvt. Dejlig nymalet lejl. m. plankegulve. Sydvestvendt stue, god spisestue.
Kom i dag kl. 15.00
Udb. 40.000 Brt. 7.500

Brønshøj, Aggersvoldvej 1, st. Nyistandsat 3 vær. lejl., 59 kv.m. Kr. 4.000. ☎ 01 93 66 77.

Charlottenlund
Møbl. 4 vær. lejligh., mod, fremlejes i juni, juli og aug. Depositum. Tlf. 01 63 85 71 kl. 9–11 og 17–22.

City Borgergade. Møbl. 3 vær. mod. lejl. m. elevator, udlejes 3 – 6 mdr. Leje pr. md. 8.000, 2 mdrs. deposit. Henv. fra mand. Københavns Ejendomskontor. Tlf. 01 - 31 01 01.

City 125 kv.m. 2 år 9000 - Frederiksberg 100 kvm 2 år møbl 8000 - Frederiksberg 85 kvm 3 år 6000 - Frederiksberg 85 kvm 2 år 6500 - Søllerød Park 89 kvm 7000 Østerbro 90 kvm 1 år møbl. 7000 samt mange flere DBF Dansk Bolig Formidling. ☎ 01 39 07 07.

BØJE'S EJENDOMSCENTER 01 - 75 30 70
I dag åbent 10.00-15.00
Daglig 9.00-17.00

Vanløse. Vanløse Allé 76 B. Fremvises søn. 15.30. 2-fam. rødstensvilla m. 1 stk. 3 vær. og 1 stk. 2 vær. lejlighed, begge m. store mod. køkk. og store lækre flisebadevær., fuld kldr. m. 2 store vær., fyr- og hobbyrum. Ved udb. 50/60.000, mdl. brt. 10.900. Kom og se dette gode tilbud. Sag P. 88. Statsaut. ejd.mgl. Häggmark. Tlf. 01 42 17 15.

VANLØSE
Velbeligg. villa i 2 plan + kælder, tidligere 2 familiesejd. – nu 1 familie, 115 kvm. bolig + 65 kvm. kælder + garageejd. bagest på grunden med plads til 5 biler. Mdl. brt. 13.450 ved udb. 100.000

8

et hus	**en** lejlighed
mi**t** hus	mi**n** lejlighed
di**t** hus	di**n** lejlighed
De**t** er ...	De**n** er ...

9

I Danmark

(F = fru Steiner, H = hr. Hansen, S = hr. Steiner)

F: Goddag, det er familien Steiner fra Tyskland. Vi har lejet et sommerhus hos Dem.
H: Goddag og velkommen! Det er nok bedst, jeg kører med Dem til sommerhuset.

I sommerhuset
H: Det her er entreen. Og her har vi badeværelset med toilet.
S: Og den dør?
H: Det er et lille værelse til børnene. – Nu kommer vi til stuen med køkkenet.
F: Hvor er soveværelset?
H: Det er her. Vi kommer til det fra stuen. – Ja, jeg håber, alt er i orden. Værsgo, her er nøglen. God ferie!
F: Tak, farvel!

10

Fortæl om din ferielejlighed/dit sommerhus i Danmark.

Lektion 4

1

Hvor gammel er Inge? Hvad tror du? Se på Inge og spørg i gruppen:

A: Hvor gammel, tror du, hun er?
B: Åh, jeg tror, hun er 12, måske 13.
C: Ja, det tror jeg også.
D: Nej, det tror jeg ikke. Jeg tror, hun er ...

2

100 ethundrede
200 tohundrede
332 trehundredeogtoogtredive
961 nihundredeogenogtres
1000 ettusind
2000 totusind

45000 femogfyrretusind
1000000 en million

Årstal:

1945 nittenhundredeogfemogfyrre
1984 nittenhundredeogfireogfirs

3

Bilpriser i Danmark

Det her er en annonce fra en avis.
Fortæl din nabo
– hvor gammel bilen er.
– hvor mange km den har kørt.
– hvad den koster.

Du siger f. eks.:
Der er en Jetta fra 1981.
Den har kørt 73000 km.
Den koster 54900 kr.

Prøv at sælge din bil.

3 **Nyere brugte**

Mærke	År	Farve	Km	Pris
Ford Escort 1,1 Laser 5 g	84	beige	56	72.900
Honda Accord 1,6 EX	84	blåmet.	72	119.900
Honda Accord 2,0 EX m. soltag	86	sølvmet.	17	189.900
Mazda 626 2,0 Sports Coupe 5 g.	84	sølvmet.	85	104.900
Nissan Cherry 1,5 gl. 5 g.	84	blåmet.	74	74.900
Toyota Corollo, 1,6 DX 5d. cc	84	grønmet.	66	89.900
VW Jetta, 1,3 ny syn.	81	sølvmet.	73	54.900
BMW 320i 4 d. sedan	85	blå	34	179.900
Skoda 130 Coupe Rapid	85	hvid	28	52.900
Skoda 130 Coupe Rapid	85	hvid	11	54.900
Skoda 120 LS	85	tobaksbrun	15	39.900
Skoda 105 S	84	tobaksbrun	42	24.900
Skoda 105 S	84	rød	35	24.900

4

Møbler og ting i værelset

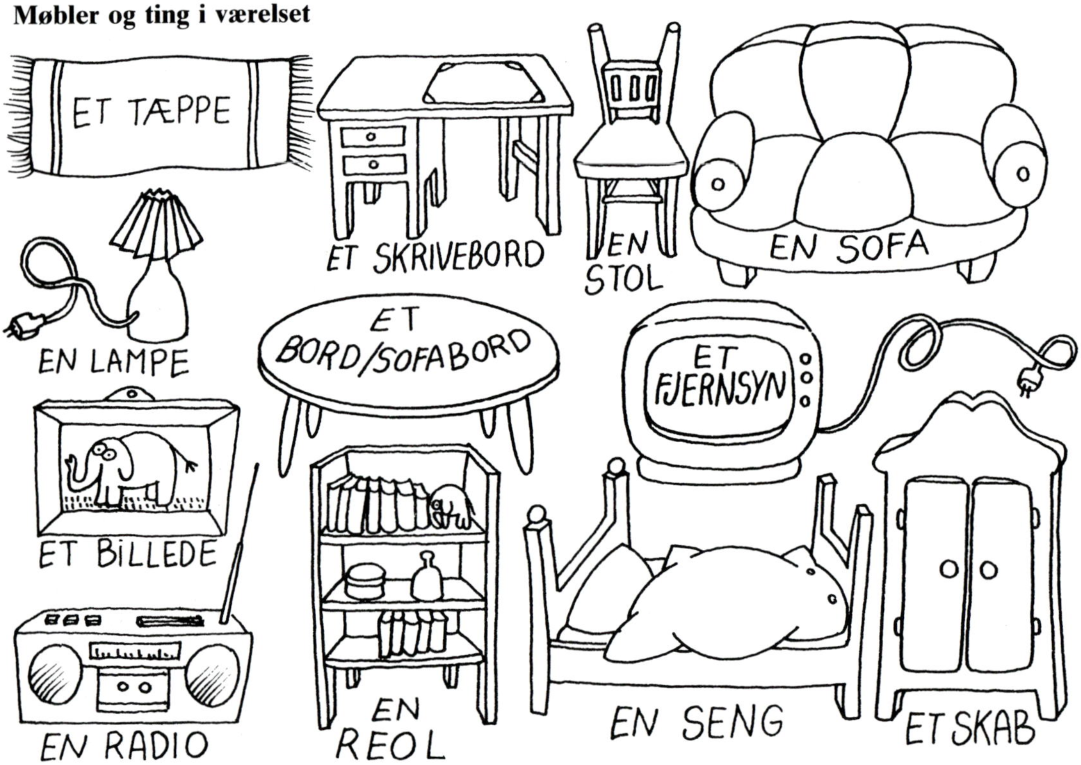

Du får et nyt værelse. Hvad skal du bruge?

5

singularis	pluralis	
en sofa en reol et tæppe	sofa**er** reol**er** tæpp**er**	**-er**
en seng et bord et skab	seng**e** bord**e** skab**e**	**-e**
et fjernsyn	fjernsyn	-O

6

Hvilken stol kan du bedst lide?

Jeg kan	godt bedre bedst ikke slet ikke	li'	stolen til ... kr.
	slet ikke		nogen af dem.

7

På indkøb i en møbelforretning

(B = Birthe, H = Hans, E = ekspedient)

Birthe og Hans Andersen køber møbler.

B og H: Goddag – Goddag.
E: Goddag. Kan jeg hjælpe Dem?
B: Vi vil gerne se på et spisebord.
E: Her har vi nogle spiseborde.
B: Jeg kan godt li' det her.
H: Ja, det kan jeg også godt li'. Hvad koster det?
E: Det koster 938 kr.
B: Det er for dyrt. Har De ikke et bord, der er billigere? Det er til sommerhuset.
E: Hvad med det her bord? Det koster kun 798 kr.
H: Ja – det kan jeg også godt li'.
B: Jeg kan bedre li' det her bord. Det koster 838 kr. Hvad synes du, Hans?
H: Ja, det kan jeg også bedst li'. Det er et dejligt bord. Det ta'r vi! Kan jeg betale med check?
E: Ja, det må De gerne. De kan betale henne ved kassen.

Det tager vi → Det ta'r vi

8

et bord	Hvad koster **det**? **Det** koster 898 kr. **Det** kan jeg godt li'. **Det** ta'r jeg.
en stol	Hvad koster **den**? **Den** koster 298 kr. **Den** kan jeg godt li'. **Den** ta'r jeg.
to senge	Hvad koster **de**? **De** koster 498 kr. **Dem** kan jeg godt li'. **Dem** ta'r jeg.

9

Man siger:	Man skriver:
den her stol	denne stol
det her hus	dette hus
de her stole	disse stole

10

Nu køber du møbler i Danmark.

Lektion 5

1

EN MOR	ET BARN	EN SØSTER
EN FAR	EN DATTER	EN BROR
FORÆLDRE	EN SØN	ET BARNEBARN

2

Spørg din nabo:

Har du børn?	Nej, jeg har ikke nogen børn. Nej, jeg er ikke gift.

Ja, jeg har	et/en	barn.
	to	børn.
	tre	datter/pige.
	...	døtre/piger.
	...	søn/dreng.
	...	sønner/drenge.

Hvor gammel er hun? / han?	Min datter/min pige	er	12.
	Min søn/min dreng		...
Hvor gamle er de?	Mine døtre/mine piger		...
	Mine sønner/mine drenge		...
	...		

3

En gåde

Ute: Det er min søster. Vi er søstre.
Vi er også søskende!

Erik og Thomas er også søskende.
Men de er ikke søstre. De er brødre.
Hvad hedder søskende på tysk?

4

a →	æ
en mand	fire mænd
en fader en far	to fædre

o →	ø
en broder en bror	fire brødre
en moder en mor	to mødre

a →	ø
en datter	tre døtre
et barn	to børn

5

Stubbeköbing, november 1987

Kære Rita!

Tak for jeres brev! Hvordan har I det?

Hans har desværre ikke tid til at skrive i dag. Han er i byen. Han köber ind til en familiefest.

Hans far bliver 70. Det bliver en stor fest med mange mennesker. Hele familien, alle naboerne og mange venner og bekendte kommer. Vi bliver 50 personer, 35 voksne og 15 börn. Farfar glæder sig mest til at se alle sine börnebörn.

Der er meget arbejde för festen, men min söster kommer og hjælper.

Jeg har desværre ikke tid til at skrive mere, jeg skal til frisör.

Med venlige hilsener

Birthe Andersen

6

Rigtigt eller forkert?

Hans skriver brevet.
Hans har ikke tid.
Birthes far bliver 70.
Kun familien kommer.
Der kommer 15 voksne og 35 børn.
Birthes mor kommer og hjælper.
Birthe skal til frisør.

Hvordan er det rigtigt?

7

barn	voksen
pige	kvinde 
dreng	mand 

8

Til havefest

S: Dav!
A: Hej, Søren!
S: Kender du min kone?
A, B: Goddag! – Goddag!

Øv med:
pige/datter – søn/dreng
far – mor – forældre
bror – søster – nabo – ven – veninde

9

Rita Müller skriver et kort til hr. Andersen på Falster.

10

Lektion 6

1

Ting i klasseværelset

Øv med: en kuglepen, en taske, en bog, et frimærke, briller, cigaretter, en lighter, tændstikker ...

2

Lone har fundet en pakke cigaretter.
Hun spørger i gruppen, om det er deres cigaretter.

(L = Lone)

L: Er det dine cigaretter?
A: Det er ikke mine cigaretter.
B: Det er heller ikke mine!
C: Det er heller ikke mine!
L: Hvem ejer de her cigaretter?

Øv med de andre ting.

3

en bog	et frimærke
min bog din bog	mit frimærke dit frimærke
mine bøger dine bøger	mine frimærker dine frimærker

4

Spørg din nabo:

Må jeg låne	din kuglepen? dit frimærke? dine tændstikker? . . .	Ja, gerne. Ja, selvfølgelig. Værsgo!
Tak for lån!		Selv tak!

5

jeg	min/mit/mine
du/De	din/dit/dine – Deres
han	hans
hun	hendes
den/det	dens/dets
vi	vores
I/De	jeres/Deres
de	deres

6

En leg med ting

Se i øvebogen. Det her kan hjælpe:

Er det	**din** **Peters** **hans** **Inges** **hendes** . . .	bog? . . .	Ja, det er. Nej, det er ikke.

7

I en bank

(H = Herbert Müller, B = bankmand)

Herbert Müller er i Danmark og vil gerne veksle nogle tyske penge til danske kroner.

I banken spørger han:

H: Jeg har en tysk Euro-check.
Hvor mange danske kroner kan jeg skrive på den?
B: De kan skrive 1200* kroner på den.
H: Så mange?
B: Ja, det er rigtigt. – Vil De være så venlig at skrive Deres navn her? – De får pengene ved kasse 2.
H: Tak skal De ha'!
B: Selv tak!

* 1500

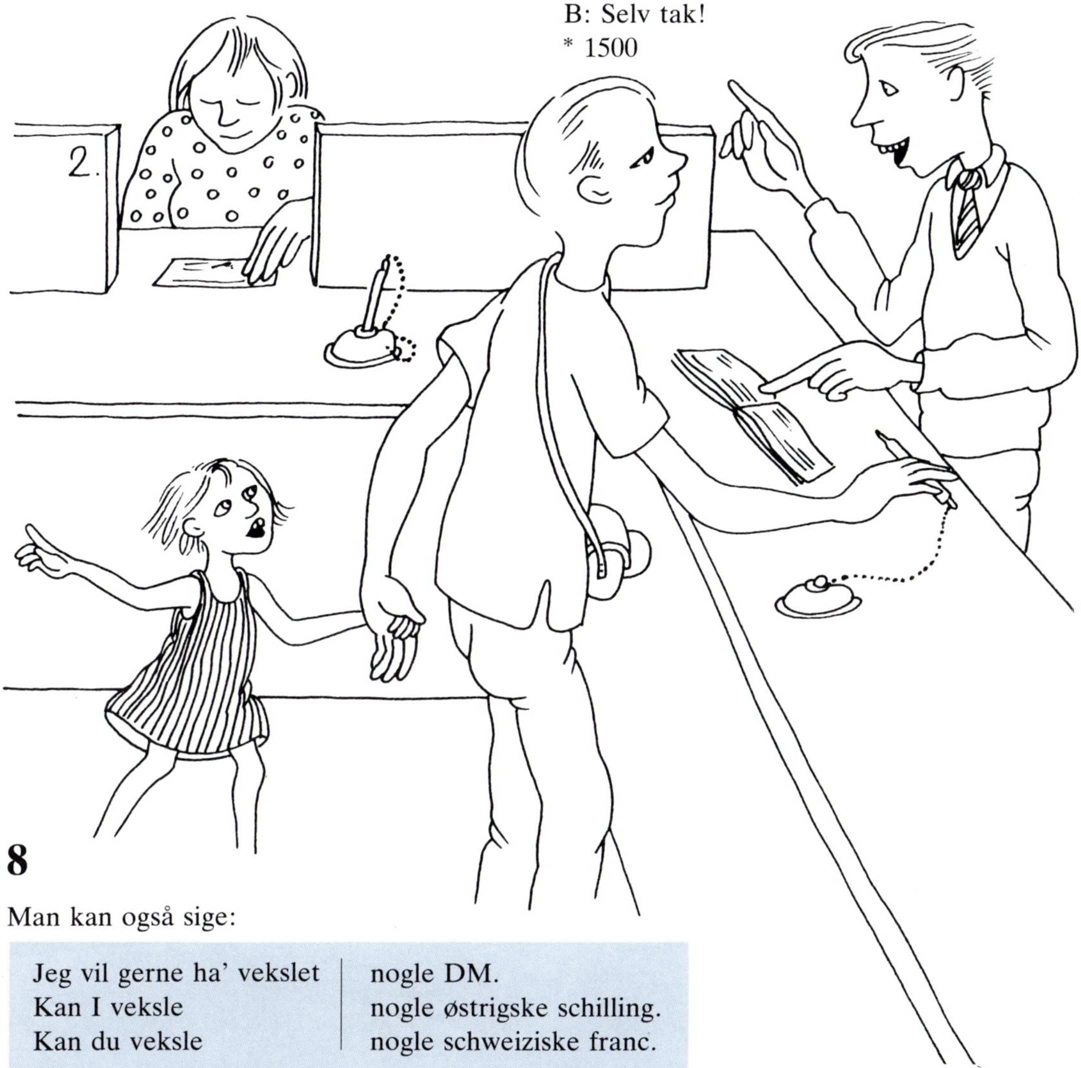

8

Man kan også sige:

Jeg vil gerne ha' vekslet Kan I veksle Kan du veksle	nogle DM. nogle østrigske schilling. nogle schweiziske franc.

9

Se på billedet og teksten. Hvad synes du?

A: Ih, hvor er den god!/Hvor er den dum!
B: Det har du ret i!/Det mener jeg også!
C: Det mener jeg ikke!/Det synes jeg ikke!

10

Fødselsdag

Spørg din nabo: Hvornår har du fødselsdag?

Jeg har fødselsdag i	januar. februar. marts. april. maj. juni. juli. august. september. oktober. november. december.

11

Lektion 7

1

Hvad er klokken?

2

Spørg i gruppen: Hvad er klokken?

Den er 6.05 – 1.45 – 9.30 – 12.15 – 9.50
14.40 – 7.05 – 11.27 – 17.55 – 18.45 . . .

3

Til havefest

– Undskyld, kan du sige mig, hvad klokken er?
– Ja, den er halv tre.
– Tak!

4

Se på billedet og spørg:

Hvornår	åbner lukker	butikken	om tirsdagen? om onsdagen? ...

Den	åbner lukker	klokken halv syv. ...
Der	er åbent er lukket	til klokken et. ...

butikstider

mandag	lukket	torsdag	$6^{30} - 17^{30}$
tirsdag	$6^{30} - 17^{30}$	fredag	$6^{30} - 17^{30}$
onsdag	$6^{30} - 17^{30}$	lørdag	$6^{30} - 13^{00}$
		søndag	$6^{00} - 13^{00}$

Hvad butik er det? Ja, det er rigtigt! Det er en bager.

5

Fru Hansen ringer til en håndværker.

Fru Hansen: Hvornår kan De komme?
Hr. Jensen: Jeg kommer på tirsdag.

Nu ringer du.

6

En telefonsamtale

– Hej, Maria! Det er Svend!
– Hej, Svend! Har du det godt?
– Jo tak, jeg har det fint.
Du, jeg kommer på lørdag!
– Ih, hvor er det dejligt!
Hvad tid kommer du?
– Jeg kommer med bussen ca. halv to.
– Fint! Jeg henter dig ved bussen.

7

Se på telefonsamtalen med Maria og Svend. Skriv dialoger og spil med de andre i gruppen:

tirsdag – 10.50 – med toget – ved toget
mandag – 9.30 – med flyet – i lufthavnen
søndag – 19.15 – med båden – ved færgen

8

	Man siger:	I radioen, ved køreplaner osv.:
20.15	Den er kvart over otte.	Klokken er tyve-femten.
19.48	Den er tolv minutter i otte.	Klokken er nitten-otteogfyrre.
7.05	Den er fem minutter over syv.	Klokken er syv-nul-fem.

9

En telefonsamtale med et rejsebureau

– Undskyld, kan De sige mig, hvad tid der kører en rutebil fra Geels Kro til Kerteminde?
– Ja, lige et øjeblik!
Hvad dag vil De køre?
– På mandag. Om morgenen.
– Et øjeblik.
Der kører desværre kun en rutebil.
Den kører klokken 8.19.
– Tak! Og hvornår er rutebilen i Kerteminde?
– Kl. 8.40.
– Tak skal De ha'! Farvel!
– Selv tak! Farvel!

10

Nu ringer du til rejsebureauet.
Se ikke selv på køreplanen.
En person i din gruppe er manden/damen fra rejsebureauet.

Du vil køre fra Odense–Ladby/Marslev–Kerteminde ...

11

1 år = 12 måneder = 52 uger = 365 dage;
1 time = 60 minutter;
1 minut = 60 sekunder;
fredag aften + lørdag + søndag = 1 weekend.

Odense-Kølstrup-Kerteminde

	Søgne mandage–fredage				Lørdage		Søn- og helligdage		
Tur nr.	527	529	531	533	529	531		629	633
Odense rtb. ...... af	8.00	12.10	14.05	17.10	12.10	14.05	....	14.05	22.20
Åsum	8.09	12.19	14.14	17.19	12.19	14.14	....	14.15	22.30
Rågelund	8.11	12.21	14.16	17.21	12.21	14.16	....	14.18	22.33
Marslev	8.12	12.22	14.18	17.23	12.22	14.18	....	14.19	22.34
Holev	8.15	12.24	14.20	17.25	12.24	14.20	....	14.21	22.36
Geels Kro	8.19	12.28	14.26	17.31	12.28	14.26	....	14.26	22.41
Hundslev	8.22	12.31	14.29	17.34	12.31	14.29	....	14.29	22.44
Kølstrup	8.25	12.34	14.32	17.37	12.34	14.32	....	14.32	22.47
Kertinge o)	8.28	12.37	14.35	17.40	12.37	14.35	....	14.35	22.50
Ladby	8.33	12.42	14.41	17.46	12.42	14.41	....	14.39	22.54
Kerteminde rtb. .. an	8.40	12.50	14.50	17.55	12.50	14.50	....	14.45	23.00

12

Familien Hansen flytter

Familien Hansen flytter fra Havnegade til Stationsvej.

Fru Hansen og børnene svarer.

Hr. Hansen:		Børnene/fru Hansen:	
Hvor er	bordene?	De er	i entreen.
	stolene?		i stuen.
	...		...
	de gamle lænestole?		...
	de store borde?		...
	...		...

13

singularis:

en reol	reol**en**	**den** gamle reol
en stol	stol**en**	**den** gamle stol
en mand	mand**en**	**den** gamle mand
et år	år**et**	**det** gamle år
et hus	hus**et**	**det** gamle hus
et tæppe	tæpp**et**	**det** gamle tæppe

pluralis:

reol**er**	reoler**ne**	**de** gamle reoler
tæpp**er**	tæpper**ne**	**de** gamle tæpper
stol**e**	stole**ne**	**de** gamle stole
hus**e**	huse**ne**	**de** gamle huse
år	åre**ne**	**de** gamle år
mænd	mænde**ne**	**de** gamle mænd

Lektion 8

1

I et højhus

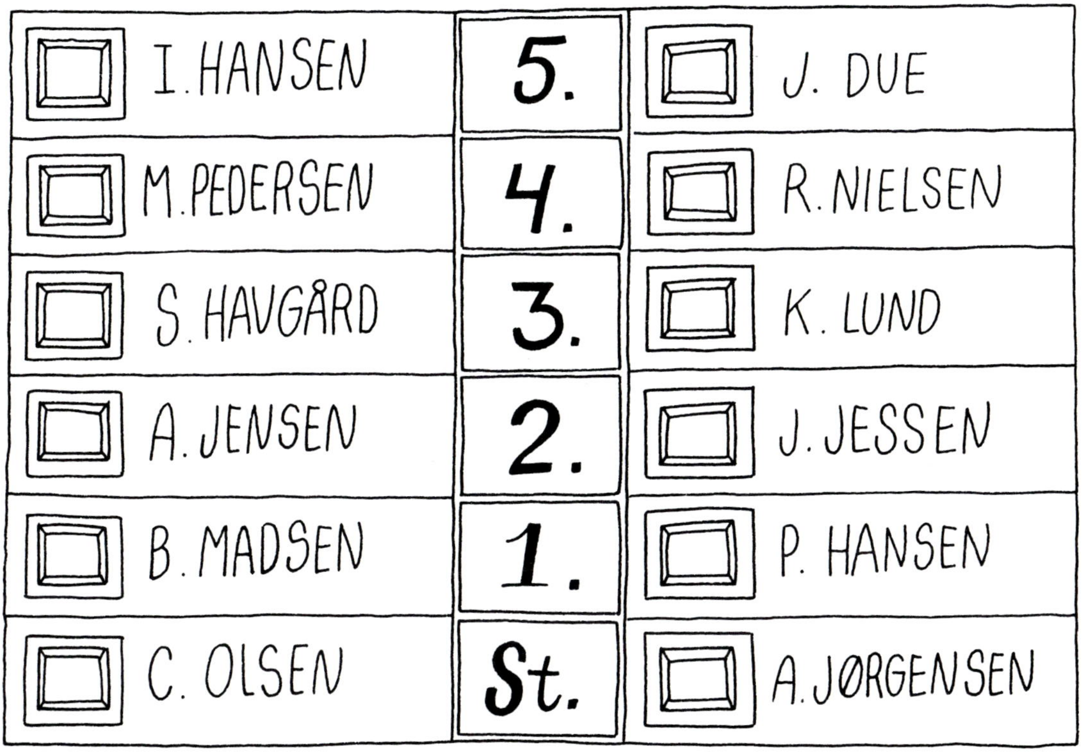

Spørg i gruppen:

Undskyld, kan	du	sige mig, hvor	familien Lund	bor?
	De		hr. Jensen	
			fru Olsen	
			...	

Ja,	de	bor	i stuen.
	han		på anden sal.
	hun		...

2

1.	første	11.	ellevte
2.	anden	12.	tolvte
3.	tredie	13.	trettende
4.	fjerde	14.	fjortende
5.	femte	15.	femtende
6.	sjette	16.	sekstende
7.	syvende	17.	syttende
8.	ottende	18.	attende
9.	niende	19.	nittende
10.	tiende	20.	tyvende
21.	enogtyvende	30.	tredivte
22.	toogtyvende	31.	enogtredivte
23.	treogtyvende	osv.	

3

Fødselsdag

Hvornår har	din veninde	fødselsdag?
Hvornår er	du	født?
	din mand	
	...	

Hvor er du født?

Hun	har fødselsdag	den anden maj.
Jeg	er født	den ...
Han		...

Jeg er født i Hamborg.

4

En travl forretningsmands kalender

Jensen er forretningsmand og rejser meget. Hans kone vil gerne vide, hvornår han ikke er hjemme.

Fru Jensen:

Hvornår er du	i Århus?
	...
	hjemme?

Hr. Jensen:

Jeg er	i Århus	torsdag den femogtyvende februar.
	...	...

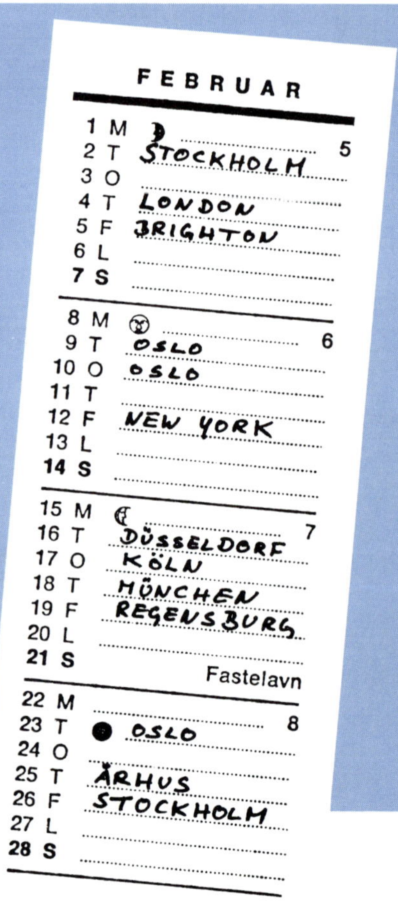

5

Hvad dato har vi i dag?

Man skriver:	Man siger:
3. august 1985	den tredie august ...
3.8.1985 3/8 – 85	den tredie i ottende .../ den tredie august ...

6

En telefonsamtale

(J = fru Jensen, H = fru Holm)

Fru Holm er fru Jensens veninde. Hun ringer til fru Jensen for at invitere hr. og fru Jensen til middag.

J: Pia Jensen.
H: Ja, dav, Pia. Det er Inge.
J: Dav, Inge. Hvor er det pænt af dig at ringe. Hvordan har du det?
H: Tak, fint. Hvordan har I det?
J: Jo tak, det går. Mads har altid meget travlt. Han er meget ofte på forretningsrejse i februar.
H: Nå, det er jo ikke så godt. Jeg ringer ellers for at spørge, om I kan komme til middag torsdag den 4. februar, sådan ved syv-tiden.
J: Lad mig kigge i vores kalender. Åh, det er en skam, den 4. februar er Mads i London.
H: Kan I komme næste dag, fredag den 5.?
J: Nej, så er Mads i Brighton. Han kommer sent hjem og er altid meget træt efter en forretningsrejse.
H: Så må vi finde en anden dag. – Hvad med fredag den 12. februar?

Fru Jensen og fru Holm taler videre. Hvad siger de?

7

Flyv til syden

Det her er en annonce fra en dansk avis med billige flyrejser.

Spørg din nabo:
– Hvor vil du rejse hen?
– Hvornår vil du rejse?
– Hvor længe vil du bli' væk?
– Hvad koster rejsen?

blive → bli'

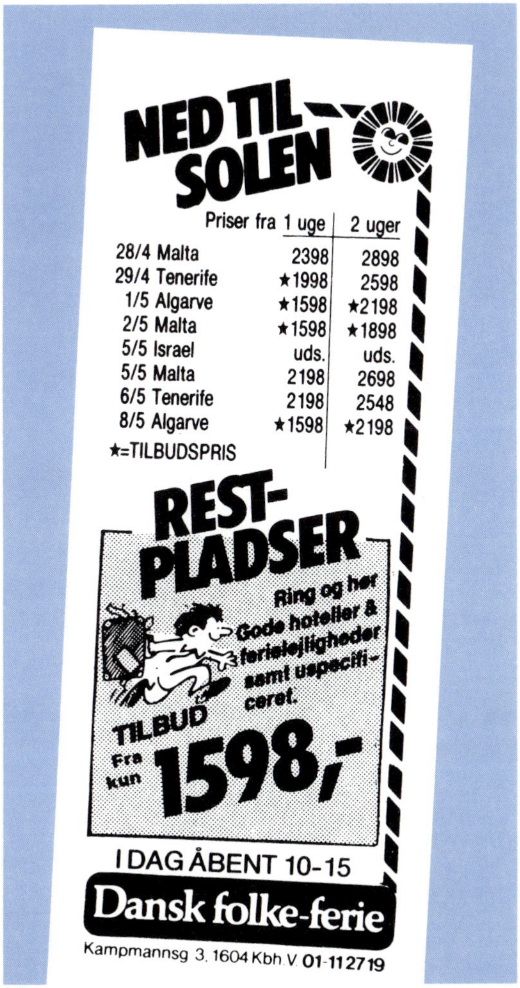

8

Ferie

Spørg i gruppen:

Hvornår har	du din veninde din ven din kone din mand ...	ferie?

Jeg Hun Han De	har ferie	i juli. i august. ... fra den 6. juni til den 4. juli. ...

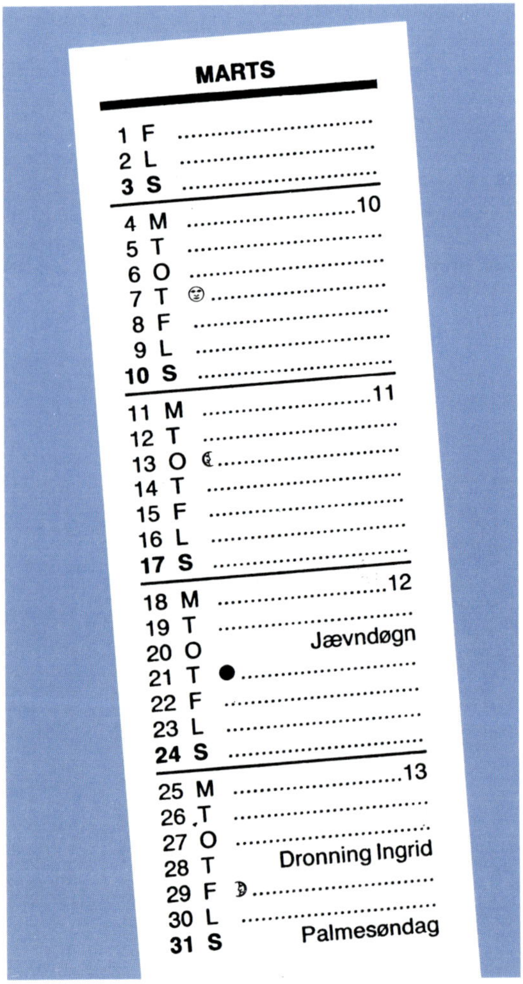

9

Her har du en kalender for marts. Marts er en travl måned. Skriv 10 ting ind i kalenderen, f. eks. mors fødselsdag, middag hos Nielsens, forretningsrejse til London osv. Du vil gerne invitere din nabo. Snak med din nabo og find en dag, hvor I begge kan:

Kan du komme på fredag?

Ja, det kan jeg godt./Nej, det kan jeg desværre ikke./Åh, det er en skam. Den dag kan jeg desværre ikke.

10

Lektion 9

1

Du spørger en dame på gaden:

2

Se på teksten og spørg din nabo:
Hvor langt er der fra ... til ...?
Der er ...

ca. km	Ebeltoft	Esbjerg	Frederikshavn	Grenå	Hirtshals	Kruså
Aalborg/ Nørresundby	128	229	62	132	64	274
Aalestrup	105	187	114	105	116	224
Aars	107	192	107	111	109	237
Asaa	169	271	35	169	80	309
Blokhus	161	262	72	165	56	307
Brønderslev	155	255	52	159	40	301
Farsø	116	197	117	116	119	234
Frederikshavn	190	291		194	51	336
Hadsund	89	225	105	89	107	241
Hals	168	259	59	162	121	304
Fjerritslev	152	235	96	156	90	273
Hirtshals	192	293	51	196		338
Hjørring	175	276	35	179	17	321
Hobro	80	183	110	84	113	229
Løgstør	137	212	111	140	106	258
Løkken	173	273	55	177	36	319
Nibe	126	220	83	129	85	267
Randers	54	184	136	57	139	203
Skagen	231	331	41	234	50	376

3

Det her er avisannoncer med sommerhuse.
Hvordan er husene? Skriv:

1

Saxild Strand
Sommerhus til leje enkelte uger denne sommer. Udsigt over havet til Tunø og Samsø. 8 sovepladser. Alle tekn. hjælpemidler. Pris pr. uge 1.500,– kr. Ring (06) 558656.

Skriv til: **H. Malling,** Skovlundsvej 25, Saxild, DK 8300 Odder.

2

Sommerhus til leje
2 eller 3 uger i tiden 27.6.–1.8.87. Nyt sommerhus på 84 kvm med overdækket terrasse, elkomfur, køleskab, med fryser, toilet med bruser, varmt og koldt vand, TV – Danmark.
Pris kr. 1.900,– per uge
Tel. (06) 911423

K. Toft, Vester Landevej 195, 4952 Stokkemarke

	Nr. 1	Nr. 2
Hvornår er huset til leje?		
Er der udsigt over havet?		
Hvor mange sovepladser er der?		
Hvor mange m^2 har huset?		
Er det nyt eller gammelt?		
Er der overdækket terrasse?		
Er der el-komfur/gas-komfur?		
Er der køleskab?		
Er der badeværelse?		
Er der varmt og koldt vand?		
Er der fjernsyn?		
Hvor langt er der til havet?		
Hvad koster huset pr. uge?		

4

Ring til en ven eller en veninde og fortæl om huset: Hus nr. 1 har ..., der er ...
Hvilket hus vil du leje? Fortæl også, hvorfor: Jeg vil leje hus nr. 2, fordi der er fjernsyn, det har en overdækket terrasse ...

5

Skriv til H. Malling!
Ring til K. Toft!
Snak med din nabo!

6

Rita Müller vil gerne leje huset og skriver til K. Toft. Her er brevet.

26.februar 1987

Til
K. Toft
Vester Landevej 195
DK-4952 Stokkemarke

Jeg vil gerne leje Deres sommerhus i juli måned, fra den 11.7. til den 1.8.87, det bliver tre uger.

Jeg håber, at det endnu ikke er udlejet i den tid. Kan De sende mig et billede af huset og en plan over værelserne? Vil De også være så venlig at skrive til mig, hvor langt der er til stranden og den nærmeste købmand?

Med venlig hilsen

Rita Müller

Rita Müller
Dorfstr. 22
D-2333 Süderstedt

Rigtigt eller forkert?

	rigtigt	forkert
Rita vil leje sommerhuset i august.	☐	☐
Hun vil gerne have et billede af stuen.	☐	☐
Hun vil gerne have et billede af huset.	☐	☐
Hun vil gerne have en plan over værelserne.	☐	☐
Hun spørger, hvor langt der er til restauranten.	☐	☐

7

Her er brevet fra hr. Karl Toft.

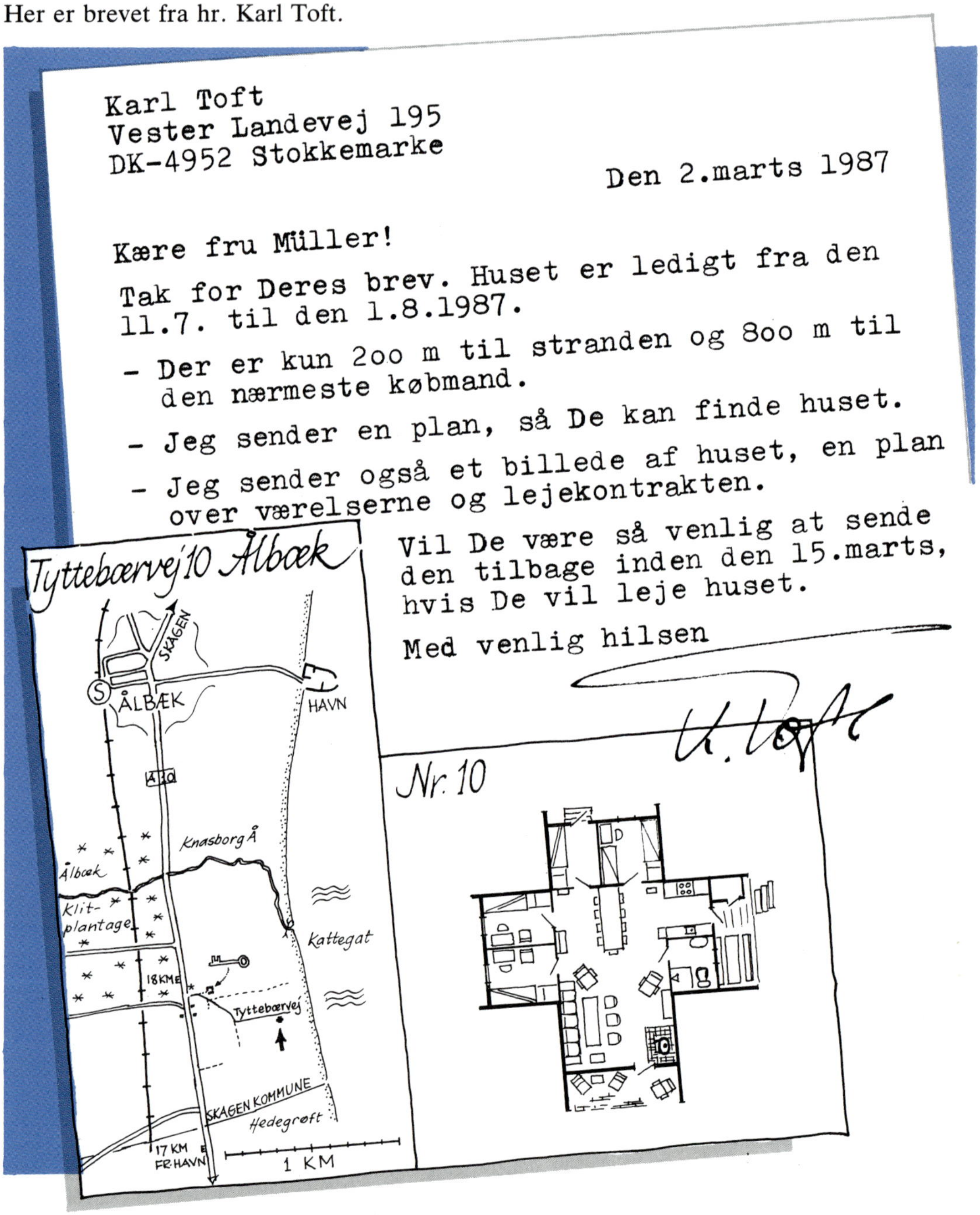

Karl Toft
Vester Landevej 195
DK-4952 Stokkemarke

Den 2.marts 1987

Kære fru Müller!

Tak for Deres brev. Huset er ledigt fra den 11.7. til den 1.8.1987.

- Der er kun 200 m til stranden og 800 m til den nærmeste købmand.
- Jeg sender en plan, så De kan finde huset.
- Jeg sender også et billede af huset, en plan over værelserne og lejekontrakten.

Vil De være så venlig at sende den tilbage inden den 15.marts, hvis De vil leje huset.

Med venlig hilsen

K. Toft

Rita ringer til sin mand Herbert og fortæller om huset. Hvad siger hun?

8

Du vil leje et sommerhus i Danmark.
Du ringer til turistinformationen:
(T = Turistinformationen)

T: Turistinformationen. Goddag.
Du: Goddag. Jeg vil gerne leje et sommerhus i Nordjylland.
T: Ja, lige et øjeblik. –
Vi har et fint hus i Ålbæk. Det er til 8 personer og ligger lige ved vandet.

Nu spørger du efter de ting, du gerne vil have, f. eks.:

Du: Er der køleskab i huset? ... Er der fjernsyn i huset? ... Er der en restaurant i nærheden af huset? ... Er der en købmand i nærheden af huset? ...

Til sidst siger du:
Du: O.k., det lyder meget godt. Jeg vil gerne leje huset.

T: Må jeg be' om Deres navn og adresse? Så sender vi lejekontrakten.

bede → be'

9

kan + infinitiv jeg **kan** ikke **komme** **kan** du **sige** mig ...,
må + infinitiv **må** jeg **bede** om nøglen? **må** jeg **låne** din bog?
vil + infinitiv jeg **vil** gerne **leje** en båd **vil** du **se** fjernsyn?

10

Lektion 10

1

Morgenmad – frokost – middagsmad

morgenmad:	ca. kl. 6-9
frokost (mest smørrebrød):	ca. kl. 12-13
eftermiddagskaffe eller -te:	ca. kl. 13-17
middag (varm):	ca. kl. 17-20
aftenkaffe:	ca. kl. 20-22

Spørg din nabo:

Hvornår spiser du	morgenmad?
	frokost?
	...
Hvornår drikker du	te?
	kaffe?
	...

Jeg spiser	frokost	klokken ...
	...	...
Jeg drikker	...	...
	...	...

2

En normal dag hos Ole

Fortæl om Oles dag.

3

En normal dag hos familien Andersen

Familien står op kvart over seks og vasker sig eller tager brusebad. Klokken syv spiser de morgenmad. Børnene tager af sted kvart over syv, de cykler eller kører med skolebus. De er i skole fra kl. 8 til 12.50.

Birthe og Hans skal ikke af sted, de arbejder hjemme. Hans er revisor, og Birthe syr.

Efter morgenmaden hjælper Hans og Birthe hinanden med arbejdet i huset. Så går Hans ind på kontoret, og Birthe syr. Klokken halv to kommer Thomas og Erik hjem, og alle spiser frokost. Bagefter læser Birthe og Hans avis, og børnene leger. De drikker eftermiddagskaffe ved fire-tiden. Så læser Thomas og Erik deres lektier.

Klokken seks spiser familien til middag. Så ser de fjernsyn, hører radio eller snakker sammen. Drengene går i seng ved otte-tiden. Birthe og Hans drikker aftenkaffe klokken ni og går i seng ved elleve-tiden.

4

jeg vasker mig	vi vasker os
du vasker dig	I vasker jer
han vasker sig hun vasker sig	de vasker sig

5

Jeg står op klokken syv.
Klokken syv **står jeg** op.

Jeg flyver til Kreta.
Til Kreta **flyver jeg**.

Jeg drikker ikke te.
Te **drikker jeg** ikke.

6

Se på billederne og spørg din nabo:

Hvad laver Hans klokken ...?

Klokken halv syv	sover han.
Klokken halv et	spiller han guitar.
Klokken fire	spiller han fodbold.
Klokken ni	danser han.

7

hjemme	Jeg arbejder hjemme. Hun er ikke hjemme. Er du hjemme klokken ti? Hils hjemme!
hjem	Hvornår kommer du hjem? Jeg kører hjem med bussen. Jeg går hjem efter aftenskolen. Kommer du med mig hjem?

8

Arbejde i huset

Birthe og Hans hjælper hinanden med arbejdet i huset.
Hvad laver Birthe? Hvad laver Hans?
Hvad tror du? Fortæl. (Jeg tror, at ...)

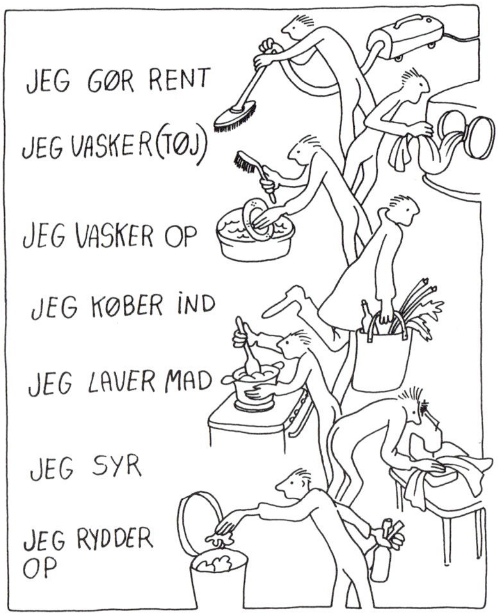

Spørg din nabo:
Hvordan er det hjemme hos dig?

9

Hvordan er en normal dag hos dig? Fortæl.
Det her kan hjælpe dig:

ofte, tit somme tider så	fra kl. ... til kl. ...
igen	om morgenen om eftermiddagen om aftenen

Start: Vækkeuret ringer klokken ...

10

Lektion 11

1

Hvad Birthe og Hans lavede i sidste uge

De snakkede	sammen.
De hyggede	sig.
De kiggede	i ugeblade.
De læste	avis.
De hørte	radio.
De havde	gæster.
De besøgte	venner.
De besøgte	bekendte.
De gik	en tur sammen.
De gik	ud sammen.
De gik	i teatret.
De gik	i biografen.
De læste	tysk.
De spillede	tennis.
De cyklede	en tur.
...	...

2

Spørg i gruppen:

Hvad lavede du	i mandags/ sidste mandag? i tirsdags/ sidste tirsdag? i onsdags/ sidste onsdag? ...
	i weekenden? i går? i (går) aftes? i forgårs? i morges?

3

En samtale

– Jeg ringede til dig i lørdags.
Men du var ikke hjemme.
Hvor var du henne?
– Hvornår ringede du?
– Det var ved otte-tiden.
– Ved otte-tiden? – Nå ja, da var jeg i biografen.

Snak med din nabo om andre ugedage.

4

præsens	imperfektum	
arbejder	arbejd**ede**	
snakker	snakk**ede**	
vasker	vask**ede**	**-ede**
cykler	cykl**ede**	
laver	lav**ede**	
spiser	spis**te**	
læser	læs**te**	
køber	køb**te**	
kører	kør**te**	**-te**
hilser	hils**te**	
taler	tal**te**	
rejser	rejs**te**	
hører	hør**te**	
er	var	
har	havde	
bliver	blev	
drikker	drak	
forstår	forstod	
får	fik	
går	gik	irreg.
kommer	kom	
ligger	lå	
ser	så	
sidder	sad	
skriver	skrev	
sover	sov	
tager	tog	

5

Et brev

Rødby, d. 2/10-87

Kære allesammen,

vi kom hjem fra en dejlig efterårsferie i går. Vi var i vores sommerhus, som vi købte sidste år sammen med mine forældre. Det ligger ved Vesterhavet mellem Hirtshals og Skagen. Det er lidt langt væk fra Lolland, men vi elsker Vesterhavet, og mine forældre bor i Hjørring, så de har ikke så langt.

Det er et dejligt hus, og det ligger skønt i klitterne ikke langt fra stranden.

Det var en ferie, hvor vi rigtig slappede af. Ofte gik vi lange ture på stranden og samlede træ til brændeovnen. Vejret var ikke altid godt, men så læste vi eller spillede kort og hyggede os sammen.

En dag tog vi til Skagen. Det er en skøn by, og vi kiggede på de gamle huse og så på malerierne i museet. Selvfølgelig kørte vi også til „Grenen", det er der, hvor Kattegat og Skagerak støder sammen.

En anden dag kørte vi til Hirtshals. Vi købte ind og spiste frokost på en restaurant, hvor de havde et „ta-selv-bord". Bagefter var vi i Hjørring og besøgte mormor og morfar.

Og nu er vi hjemme igen!

Jeg håber, I har det godt!

Kærlig hilsen Hanne

6

Fortæl, hvad du lavede i din sidste ferie. Hvor var du? Hvad lavede du?

7

Spørg i gruppen:

Kan du li' at	stå op om morgenen?	Ja, det kan jeg godt.
	vaske op?	Nej, det kan jeg bestemt ikke.
	arbejde i haven?	Det kommer an på så meget.
	sy?	
	se fjernsyn?	
	ha' gæster?	
	...	

8

Ring til din nabo og spørg:

Har du tid til at	komme og drikke en kop kaffe?	Nej, du, desværre ikke.	
	komme og se fjernsyn?	Jeg er lige ved at	vaske op.
	...		læse dansk.
	snakke?		sy.
	...		...

9

Lektion 12

1

(M = manden i cafeteriet)

M: Hva' ska' du ha'?

Du: Jeg vil gerne ha' to røde pølser med pommes frites og en vand.

M: Så gerne. – Det bli'r 19.60.

2

Spørg din nabo:
Og hvad med dig? Hvad vil du ha'?

hvad → hva' bliver → bli'r
skal → ska' have → ha'

3

0.50 kr → det bli'r halvtreds øre
22.00 kr → det bli'r toogtyve kroner
13.60 kr → det bli'r tretten kroner og tres
13.60 kr → det bli'r tretten tres
1.50 kr → det bli'r halvanden krone
2.50 kr → det bli'r to-en-halv (krone)
17.50 kr → det bli'r sytten-en-halv (krone)

4

Spørg din nabo: Hva' bli'r det?

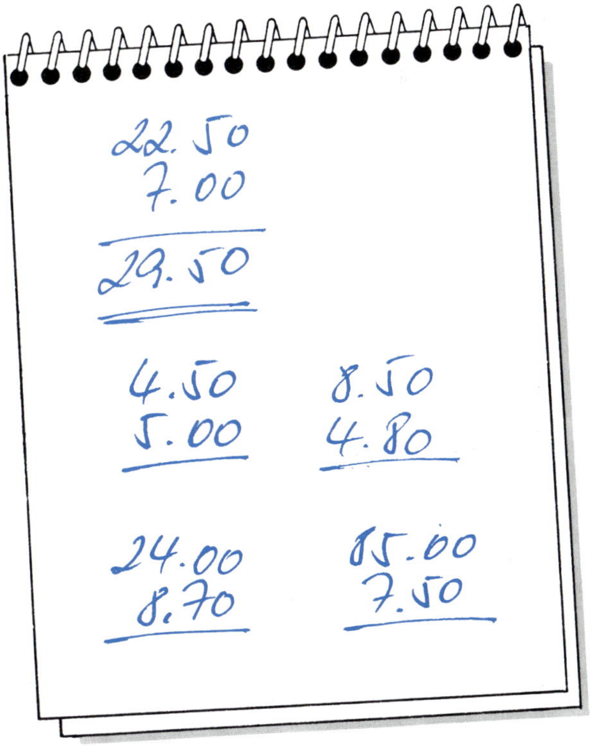

5

Hvad drikker du?

Tjener: Goddag. Hva' ska' det være?
Lone: Jeg vil gerne ha' en øl!

Du er tjener. Spørg din nabo.

Jeg vil gerne ha'	et glas rødvin/ hvidvin. en flaske vin. en kop kaffe/te. en øl. en citronvand. en danskvand. et glas mælk.

Dagens flue

Hvad vil du ha' –?
– Jeg vil ha', det du vil ha'.
– Det vil jeg osse ha'!
– Nå – så ta'er vi det.

6

På kro

(H = Hans, B = Birthe, T = tjener)

Hans og Birthe kommer ind på en kro.
H: Goddag.
T: Goddag.
H: Kan vi sætte os her?
T: Nej, der er desværre optaget, men her er et ledigt bord.
H: Tak. – Vi vil gerne ha' to øl.
T: Hof eller Tuborg?
H: Hof, tak. Og kan vi få varm mad?
T: Ja. Et øjeblik, nu skal jeg hente spisekortet.

Tjeneren kommer med øllet.
T: Værsgo, to øl. – Og hvad vil I ha' at spise?
B: Vi har ikke bestemt os endnu.
T: Det er i orden, så kommer jeg igen om fem minutter.
B: Skål, Hans!

BØLLERUP KRO **SPISEKORT**

Suppe	Kr. 15.75
Dagens ret:	
Ribbensteg m. rødkål og brunede kartofler	Kr. 32.50
Medisterpølse m. grønne ærter og kartofler	Kr. 32.50
Dansk bøf m. løg og hvide kartofler	Kr. 34.50
Bøf m. 2 spejlæg	Kr. 24.50
Fiskefilet m. pommes frites	Kr. 29.75
1/2 Grillkylling	Kr. 22.75
Dessert	Kr. 21.50

Fem minutter senere.

H: Vi vil gerne ha' suppe begge to, ribbensteg med rødkål til min kone og dansk bøf med løg til mig. – Og kan vi få en øl til?

T: Så gerne. Vil I også ha' dessert?

B: Nej tak, jeg vil hellere ha' en kop kaffe.

H: Men jeg vil gerne ha' dessert. Hvad kan du anbefale?

T: Vi har friske jordbær med fløde, og forskellige slags is.

H: Uhm, så ta'r jeg jordbær med fløde. Og bagefter vil jeg også gerne ha' en kop kaffe.

T: Så gerne.

Tjeneren kommer med maden og siger: Velbekomme!

B og H: Tak skal du ha'!

Halvanden time senere.

B: Må vi be' om regningen?

T: Ja, lige et øjeblik. – Værsgo.

H: Tak.

B: Det smagte vel nok godt!

T: Tak, det skal jeg sige i køkkenet.

Birthe betaler. Hun giver ikke nogen drikkepenge. Det gør hun aldrig.

7

Nu går du med de andre på restaurant eller kro og bestiller efter spisekortet. Det her hjælper dig:

Må jeg be' om spisekortet/regningen/salt/peber/en anden kniv, gaffel/en anden ske/en ny tallerken/lidt mere brød.
Har du noget ild?

8

Bestille bord

9

– 42 30 70. Goddag.
– Er det Hotel Alssund?
– Ja, det er.
– Jeg vil gerne bestille et bord til 6 personer.
– Ja, gerne. Til hvornår?
– Lørdag aften.
– Lørdag aften. Hvad tid?
– Klokken otte.
– Det klarer vi. Må jeg be' om navnet?
– Hanne Jensen.
– Hanne Jensen. – Så er det i orden.
– Tak for det, farvel.
– Selv tak. Farvel.

10

Ring til de her kroer og bestil bord:

DYVIG KRO
Nordborg, tel. (04) 45 14 90
skøn udsigt, indtil 350 couv.
Edith og Aage Jensen

BOV KRO
Hærvejen 25, pr. Padborg
Gode værelser, godt madsted
I. og H. Hemmsen
Telefon (04)67 13 32

HØJKRO

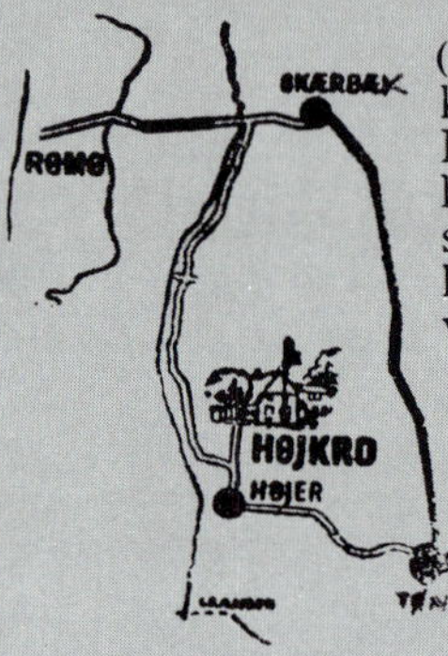

(fredet i klasse A)
Hyggelige lokaler — stor sal og have — gode værelser.
Veltillavet mad. Rimelige priser.

TOVE og CARL SØRENSEN
Telefon Højer 04 - 74 23 20

11

Du er meget tørstig efter aftenskolen og går på værtshus med de andre i gruppen. Du inviterer din nabo og siger:

Vil du ikke ha'	en øl?
	...
	...

Jo tak, det vil jeg gerne.
Jeg kunne bedre tænke mig ...
Jeg vil hellere ha' ...

12

Spørg i gruppen: Hvornår ta'r du på ferie?

Jeg ta'r på ferie	om fem dage.
	om 1 måned.
	om 2 uger.
	...

Lektion 13

1

På indkøb

Hver fredag kører Birthe og Hans til Stubbekøbing for at købe ind til weekenden. Birthe har skrevet op, hvad de skal købe. Hun snakker med Hans om, hvor de skal hen.

H: Jeg går til bageren og grønthandleren, så kan du gå i supermarkedet.

B: Nå, jeg ved ikke rigtig, i brugsen har de så meget på tilbud i den her uge. Jeg tror, vi køber ind der.

H: O.k., så køber vi også frugt og grøntsager i brugsen, og jeg går ikke til grønthandleren. Hvad med osten? Skal vi ikke købe den i osteforretningen?

B: Nej, de har Danbo på tilbud i brugsen. Men du kan gå til slagteren efter kød og pålæg.

H: Det er i orden. Jeg går til slagteren og bageren, og du ta'r i brugsen. Vi må hellere skrive op, hvad vi skal købe.

2

Du kan hjælpe. Se på, hvad Birthe har skrevet op. Skriv, hvad de skal købe hos slagteren, hos bageren og i brugsen, f. eks. 1 bæger yoghurt, 1 stykke ost ... Det her hjælper dig:

Hvad køber du hos slagteren/bageren? Og hvad køber du i brugsen?

3

Hans hos slagteren

(H = Hans, S = slagter)

Butikken er tom, og Hans trækker ikke noget nummer.

S: Goddag, hvad skulle det være?
H: Goddag, jeg vil gerne ha' en oksesteg.
S: Ja, gerne, hvor stor skal den være?
H: 2 kilo, så har jeg også nok til pålæg.
S: Tak, så gerne. Var der mere?
H: Ja tak, et halvt kilo medisterpølse.
S: Var der ellers andet?
H: Ja, et lag rullepølse og et stykke leverpostej.
S: Ja tak, og var der ellers andet?
H: Nej tak.
S: Lad mig se ... det bli'r 155.80 kr. i alt.
H: Må jeg få en pose? Jeg har glemt min taske.
S: Ja, værsgo, så bli'r det 156.30 kr.
H: Værsgo. Farvel!
S: Farvel og tak!

4

Hos bageren

(B = bager)
Hvad siger du?

B: Goddag, hvad skulle det være?
Du: Goddag, jeg vil gerne ha' ...
B: Hvor mange ...?
Du: ..., tak.
B: Var der mere?
Du: Ja tak, ...
B: Var der ellers andet?
Du: Nej tak.
B: Det bli'r ... i alt, tak.
Du: Værsgo, farvel.
B: Farvel og tak!

5

Se på annoncerne og spørg din nabo:

Hvor meget Hvad	koster	smørret kaffen ...	pr. kilo? pr. styk? pr. liter?

Det koster Den	27.90 kr	kiloet. stykket. literen.

kaff**en** → **den** koster ...
smørr**et** → **det** koster ...

6

En i din gruppe har en god idé: Den sidste aften på danskkurset holder vi en fest hos mig!
I snakker om, hvad I skal købe ind til festen.
Køb ind i Danmark!

7

præsens	perfektum
husker	**har** husk**et**
tænker	**har** tænk**t**
får	**har** få**et**
køber	**har** køb**t**
er	**har** vær**et**

8

Det er den sidste aften på danskkurset. Spørg i gruppen:

Har du tænkt på	blomsterne?
Har du husket	salaten?
Har du fået	osten?
Har du købt	…

Ja, det har jeg.

Åh, det har jeg glemt.
Undskyld! Det er jeg meget ked af!

9

Har du været	i	Sverige?
		Norge?
		Østrig?
		Schweiz?
		…
	på	Rømø?
		Fyn?
		…

Ja, det har jeg.
Nej, det har jeg ikke.
Nej, der har jeg aldrig været.

Spørg også: Hvornår var du i/på ...?

Jeg var i ... Jeg var på ...	sidste år. **for** 2 år **siden**. **for** 14 dage **siden**. **for** 3 uger **siden**. ...

10

Du kommer hjem om aftenen og spørger i familien:

Har du	snakket med mormor? vasket op? læst lektier? arbejdet i haven? ...

Ja, det har jeg.
Åh, det har jeg glemt.

11

Spørg i gruppen:

Hvor længe har du boet i	Hamborg? Wien? ...

Jeg har boet i ... siden ...

12

Du tager af sted til festen med danskkurset. Din familie siger:

13

Lektion 14

1

Du går i byen og kigger på tøj i butiksvinduerne.
Du kan ikke rigtig se priserne. Spørg din nabo, hvad tøjet koster.

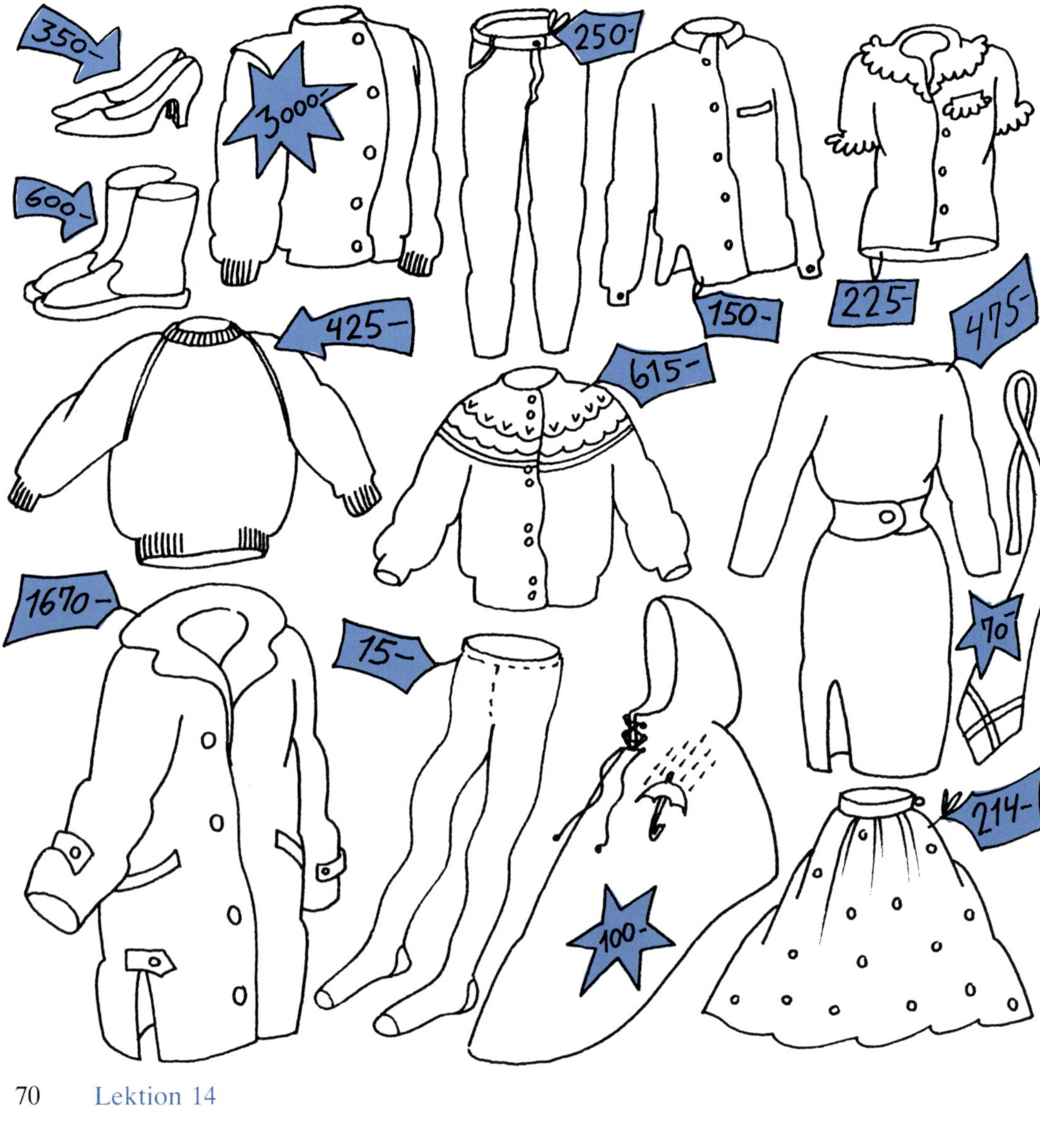

2

Se på de andre. Hvem har noget på, du ikke ved, hvad hedder på dansk. Spørg din lærer, hvad det hedder.

3

Du har ferie. Hvad tøj tager du med?
– en flyverejse til syden om sommeren
– en campingtur til Danmark om sommeren
– en tur til København om vinteren
– en skitur til Norge om vinteren

4

Farver

Hvad farver, tror du, det er? Tag farveblyanter og mal.

☐ rød	☐ hvid
☐ grøn	☐ grå
☐ gul	☐ brun
☐ blå	☐ stribet
☐ lyseblå	☐ prikket
☐ mørkeblå	☐ ternet
☐ sort	☐ blomstret

5

Hvem er det?

Se på de andre i gruppen. Beskriv en person. De andre finder ud af, hvem det er.

Skriv f. eks.:
Min person har en grøn jakke, en lysegrøn skjorte, et stribet slips, ... på. Hvem er det?

6

singularis

en: –	**et: -t**
en gul stol	**et** gul**t** hus
stolen er gul	hus**et** er gul**t**

pluralis

-e

to gul**e** stole	to gul**e** huse
stolene er gul**e**	husene er gul**e**

ikke **-e**
blå, små, grå

7

Spørg din nabo:

Har du	en	rød blå stribet ...	nederdel? skjorte? ... ...
	et	rødt blåt	lommetørklæde? slips? ...
	(et par)	røde blå stribede ...	sko? støvler? ... ...

8

Spørg din nabo:
Hvad farve har din bil? ... dit hus? o.s.v.

9

singularis	
den gul**e** stol	det gul**e** hus
pluralis	
-e	
de gul**e** stole	de gul**e** huse
ikke **-e**:	
blå, små, grå	

10

Se på reklamer med tøj. Spørg din nabo:

Kan du li'	den grå skjorte?
	det stribede slips?
	den brune jakke?
	...

Ja,	den	kan jeg godt li'.
	det	
Nej,	den	kan jeg ikke li'.
	det	er grim(t).

11

Du skal på en weekendtur. Du har skrevet op, hvad du skal have med. Din nabo hjælper dig og spørger:

Har du tænkt på	din	stribede	bluse?
Hvor har du lagt	dit	røde	...
	dine	...	...

12

Det er uld/bomuld o.s.v.

13

Birthe Andersen køber en bluse

(E = damen i butikken, B = Birthe)

E: Hvad kan jeg hjælpe dig med?
B: Jeg vil gerne se på en bluse.
E: Hvad størrelse bruger du?
B: Størrelse 40.
E: Hvad farve skal det være?
B: Hvid eller lyseblå.
E: Her er en hvid – og her er en lyseblå i størrelse 40.
B: Hvad koster de?
E: Den hvide koster 298 kr.
B: Nej, det er for dyrt! Og den lyseblå?
E: Den koster 178 kr.
B: Det er bedre. Jeg vil gerne prøve den.
E: Ja, gerne.

Lidt senere.
E: Hvordan passer den?
B: Den er lidt for stor. Jeg vil gerne prøve størrelse 38.
E: Ja, værsgo.

B: Den her passer fint. Den ta'r jeg.
E: Det bli'r 178 kr.
B: Værsgo. Farvel.
E: Farvel og tak!

14

Du køber sko.

Lektion 15

1

Et kort fra Süderstedt til Falster

Kære Birthe!
Hvordan har I det?
Desværre har jeg kun tid til at skrive et lille kort i dag, jeg skal til dansk om en halv time.
Herberts bror Erwin (han bor i Düsseldorf) skal til København med sin familie. Kender du et godt hotel? Jeg ringer til dig på lørdag, så kan vi snakke om det.
Mange kærlige hilsener
Rita

2

Telefonsamtalen mellem Rita og Birthe

(B = Birthe, R = Rita)

B: Hallo!
R: Goddag, taler jeg med Birthe Andersen?
B: Ja, det er mig. – Nu kan jeg høre, hvem det er! Dav, Rita! Hvordan går det?
R: Tak, fint! Fik du mit kort?
B: Ja, tak skal du ha'! Du, hvornår tager din svoger til København?

R: De har tænkt sig at være i København fra den 4. til den 10. maj. De flyver derop.
B: Ved du hvad, Rita, jeg er i København på den tid! Jeg besøger en af mine veninder. Jeg kan godt hente din svoger og hans familie i lufthavnen. Så kan jeg hjælpe dem lidt, – køre dem til hotellet, o.s.v.
R: Hvor er det sødt af dig, Birthe!
B: Du må hellere fortælle mig, hvordan de ser ud. Hvordan ser din svoger ud?
R: Han ligner Herbert, men han har sort hår og et stort, sort skæg.
Han er lidt større end Herbert, og ikke så tyk. Han ser godt ud!
B: Herbert er da ikke tyk! – Hvad med Erwins kone?
R: Ingrid er meget sød. Hun har langt, lyst hår og er lige så høj som Erwin. Det er et smukt par!
B: Kommer børnene også med?
R: Ja, det gør de. De har to piger – Claudia på 4 år og Silvia på 3. De har begge to kort, lyst hår. Claudia bruger briller og er lidt tyndere end Silvia.
B: Nu håber jeg, at jeg kan kende dem! Ringer du og fortæller, hvornår de ankommer?
R: Ja, det skal jeg nok! Hvordan er det med et hotel?
B: Hans plejer at bo på „Hotel Norden”. Det er ikke så dyrt – og alligevel moderne og hyggeligt.
Jeg kan godt ringe til hotellet og reservere værelser.
R: Det ville være fint, men jeg må nok hellere snakke med Erwin først.
B: Det er i orden. Nå, men ka' du ha' det godt! Vil du hilse Herbert og pigerne! Hej med dig!
R: Hej, hej, så ringer jeg igen engang i næste uge.

3

Hvordan ser Erwins familie ud? Tegn!

4

I	**(-t)** kort dyr pæn	**-ere** kort**ere** dyr**ere** pæn**ere**	**-est** kort**est** dyr**est** pæn**est**
II	**(-t)** billig langsom	**-ere** billig**ere** langsomm**ere**	**-st** billig**st** langsom**st**
III	 intelligent moderne	**mere** ... **mere** intelligent **mere** moderne	**mest** ... **mest** intelligent **mest** moderne

5

gammel	ældre	ældst
god	bedre	bedst
lille små lidt	mindre	mindst
meget	mere	mest
mange	flere	flest
dårlig	værre	værst
få	færre	færrest
lang	længere	længst
stor	større	størst
ung	yngre	yngst

6

Whisky er *lige så dyr som* cognac.
Vin er *ikke så dyr som* cognac.
Snaps er *næsten lige så dyr som* vodka.
Øl er *billigere end* vin.
Snaps er *dyrere end* vin.
Vin er *billigere* i Tyskland *end* i Danmark
Whisky er *ikke dyrere end* cognac.
Vodka er *lidt dyrere end* snaps.

7

Sig til din nabo:

et værelse – hyggelig, en jakke – varm,
et sommerhus – billig, en vin – god,
en appelsinvand – kold, et æble – stor,
et billede – smuk, en tomat – frisk,
et hotel – moderne, et tog – hurtig

8

Priser i Danmark

1 l	mælk	5.30 kr
2 kg	sukker	23.15 kr
¼ kg	smør	8.95 kr
500 g	kaffe	35.95 kr
400 g	te	39.95 kr
1	øl	5.50 kr
1 flaske	vin	35.50 kr
1 flaske	snaps	105.50 kr

Hvad koster det i dit land?

Hvordan er det med andre ting, f. eks.: huse, biler, tøj, benzin osv.

Snak med de andre om det.

9

Lene er ikke tilfreds med, hvordan hun ser ud. Hun skriver til et ugeblad. Her fortæller man hende, hvad hun skal gøre for at se bedre ud.

Snak med din nabo om, hvordan Lene ser ud nu.

10

Ofte læser man annoncer i avisen som dem her:

ER DER EN pige med langt hår, der måske vejer et par kilo for meget, så skriv til mig, som er 26/172/slank, og er lige flyttet til en lejlighed i NV. Interesser er: Dig, naturen, elektronik og modelbane. Billet mrk. POL 3899.

KØBENHAVN, NORDSJÆLLAND. Korrespondent, 26, søger sød, kærlig, ærlig og reel, højere uddannet mand (28 - 33), ikke under 180 cm, for fast parforhold evt. ægteskab. Har telefon, andelslejlighed og hund, er 175 cm, mørkblond, let buttet. Billet mrk. POL 3726.

Hvordan skal en fyr/pige være? Hvordan ikke?

Skriv op sammen med de andre i gruppen:

positivt	negativt
sød	sur
kærlig	intolerant
ærlig	...
reel	...
...	...

11

Øv med: pige – sød, menneske – sur, mand – pæn, film – dårlig, bog – god, kjole – grim

12

Fortæl om en person, du godt kan lide.

Lektion 16

1

Huse i en lille dansk by

Stationsvej 14
Bygget: 1968
Grund: ca. 1000 m^2
Hus: 140 m^2

Pris: 698.000 kr

Søvænget 3
Bygget: 1977
Grund: ca. 550 m^2
Hus: 100 m^2

Pris: 639.000 kr

Skolegade 22
Bygget: 1890
Grund: ca. 800 m^2
Hus: 110 m^2

Pris: 480.000 kr

Bredgade 16
Bygget: 1921
Grund: 2000 m^2
Hus: 130 m^2

Pris: kun 710.000 kr

2

Nogle venner i Danmark vil købe et af husene. Hvad siger du til dem?

– Du skulle købe huset på Stationsvej 14. Det er det største, og prisen er god.
– Jeg synes, du skulle ta' huset i Bredgade. Det er meget hyggeligere end de andre.
– Jeg ville købe huset i Søvænget. Haven er ikke så stor, der er ikke så meget arbejde.
– Jeg synes, du skal ta' huset i Skolegade ...

3

Birthe bestiller et hotelværelse

(B = Birthe, R = receptionschef)

Birthe ringer til Hotel Norden. Hun taler med receptionschefen.

R: Hotel Norden.
B: Goddag, mit navn er Birthe Andersen. Jeg vil gerne bestille to værelser til en tysk familie, jeg kender.
R: Skal det være enkelt- eller dobbeltværelser?
B: Det skal være to dobbeltværelser. Det er til en familie med to børn. Værelserne skal helst ligge ved siden af hinanden.
R: Skal det være med eller uden bad og toilet?
B: Helst med bad og toilet.
R: Hvornår kommer familien?
B: De kommer den 4. maj og bliver til den 10.
R: Lad mig se ... det bliver seks nætter ... Ja, der er De heldig, vi har to værelser på 1. sal, der er ledige i den tid. De ligger ved siden af hinanden og har bad/toilet.
B: Hvad koster værelserne?
R: Et dobbeltværelse koster 600 kr. pr. nat, – det er med morgenmad.
B: Jeg tror, det er o.k. Vil De være så venlig at reservere værelserne for mig.
R: Det skal vi gerne gøre. Må jeg lige be' om navnet på den tyske familie.
B: Det er Erwin Müller fra Düsseldorf.
R: Ja, – så er det i orden.
B: Tak skal De ha'. Farvel.
R: Farvel og tak.

4

Du vil bo på hotel. Hvad vil du have? Sæt kryds:

enkeltværelse		dobbeltværelse	
bad/toilet		telefon	
salon		TV-salon	
elevator		garage	
restaurant			
hotel i centrum af byen		hotel på en stille vej	
hotel i nærheden af færgen		hotel i nærheden af busstoppested	
hotel i nærheden af stationen			

5

Her er nogle hoteller i en dansk by. Bestil et værelse:

HOTELLER

Navn Adresse Telefon/Telex	Åben 0 = 1/1-31/12	Antal senge	Ca. priser D.Kr.		D.Kr.		Morgenmad pr. pers. D.Kr.	A = TV-salon E = Elevator G = Garage S = Salon V = T = R =	Afstand til		
D. Hoffmanns Hotel Tordenskjoldsgade 3 42 21 66	0	127	190	215	350	400	incl.	EVTR	500 m	200 m	300 m
C. Hotel Jutlandia Havnepladsen 42 42 00/67 142	0	192		265-360		460-550	incl.	AEGSVTR	200 m	200 m	300 m
A. Motel Lisboa Søndergade 248 42 21 33	0	90		205		360	incl.	VTR	3 km	3,5 km	3,5 km
F. Hotel Mariehønen Danmarksgade 40 42 01 22	0 +)	74	135-159	168-189	251-279	321-369	incl.	AV	600 m	200 m	300 m
E. Park Hotel Jernbanegade 7 42 22 55 · 42 04 07	0	84	130-160	200-250	250-	375-450	35,00	ASTVR	600 m	200 m	300 m
Strandby Sømandshjem Havnevej 11, Strandby 48 10 27	0	20	95		160		25,00	VR	7 km	6 km	6 km
G. Sømandshjemmet Tordenskjoldsg. 15 42 09 77	0	61	130-150	160-185	240-260	275-310	incl.	ASVTR	250 m	150 m	250 m
B. Turisthotellet Margrethevej 5 42 28 37	0	43	155		255	315	32,00	AVR	250 m	400 m	500 m

6

Familien Müllers ankomst til København

Birthe hentede familien Müller i lufthavnen. Hun var bange for at komme for sent, for hun kunne ikke finde et sted at parkere. Til sidst fandt hun en parkeringsplads. Hun skyndte sig til ankomsthallen. Hun var heldig, flyet var også forsinket. Passagererne stod endnu og ventede på deres bagage. Så havde hun lige nået det!

Da familien Müller kom, sagde hun „velkommen" til dem. De bar kufferterne hen til vognen og kørte til hotellet, der lå midt i byen.
En venlig dame viste dem værelserne. Erwin var ikke helt tilfreds med dem. Han mente, at der var for meget støj fra gaden, og bad om andre værelser, men alt var desværre optaget. Men damen sagde, at der var mere stille og roligt om natten. Så var der ikke så meget trafik.
Erwin syntes også, at der var for varmt på værelserne. Damen mente, at det kunne hun hurtigt ordne.
Erwin satte sig på sengen og sagde, at den var alt for hård og smal. Den var også for kort. Damen fra hotellet vidste ikke, hvad hun skulle sige til det. Erwins kone, Ingrid, sagde til ham: „Nu skal du ikke være så sur. Vi har ferie og er i København! Og Birthe er her for at hjælpe os!"
Damen fra hotellet gav Ingrid nøglerne og sagde til hende: „Der er morgenmad mellem kl. 7 og 10, og restauranten har åbent fra kl. 12." Før damen gik, spurgte Erwin: „Hvornår åbner baren?" Ingrid sagde: „Hold op! Nu går vi ud og kigger på København."

7

Er det rigtigt?

Erwin synes:
– at værelserne er fine
– at der er for meget støj fra gaden
– at der er for varmt på værelserne
– at sengen er for lang
– at sengen er for kort
– at sengen er for hård
– at sengen er for blød
– at sengen er for bred
– at sengen er for smal

8

en den anden seng	et det andet værelse	to de andre senge værelser

9

Hvad kan man lave i København. Snak om det i gruppen.

10

Du vil også gerne tage til København. Du ved ikke rigtig, om du skal tage med bil, tog eller fly. Snak med de andre i gruppen om det.

11

Da Birthe forlader Erwin, Ingrid og pigerne om aftenen, siger hun:

Lektion 17

1

Før en rejse

(R = rejseleder, E = Else, A = Arne, K = Kirsten, M = manden)

Rejselederen har en liste med de personer, der skal med på rejsen. Han råber navnene op for at se, om alle er kommet.

R: Else Pedersen!

E: Ja, det er mig.

R: Arne Jensen!

A: Ja, det er mig!

R: Christian Lund!

Ingen svarer.

R: Nå, Christian Lund er vist ikke kommet endnu. Kirsten Bo!

K: Ja, det er mig!

Nu kommer der en mand med en tung kuffert.

R: Dav og velkommen! Christian Lund, er det dig?

M: Nej, det er ikke mig. Jeg hedder Jørgen Jørgensen.

R: Åh, undskyld, jeg troede, du var Christian Lund. Så må det være ham. (Og han hilser på Christian, der lige er kommet.)
Hanne Søndergård!

Ingen svarer.

E: En dame er gået på toilettet. Måske er det hende!

Rejselederen råber videre op. De sidste personer er der allesammen.

2

subjekt	objekt	præposition + pronomen
jeg	Kan du li' **mig**?	Kommer I hen til **mig**?
du	Jeg kan li' **dig**.	Jeg kommer hen til **dig**.
De	Jeg kan ikke li' **Dem**!	Jeg kommer hen til **Dem**.
han	Jeg kan godt li' **ham**.	Jeg ventede på **ham**.
hun	Jeg kan godt li' **hende**.	Jeg ventede på **hende**.
den	Jeg kan li' **den**.	Jeg ventede på **den**.
det	Jeg kan li' **det**.	Jeg ventede på **det**.
vi	Kom og besøg **os**.	Kommer I hen til **os**?
I	Jeg spørger **jer**.	Vi kommer hen til **jer**.
De	Jeg spørger **Dem**!	Vi kommer hen til **Dem**.
de	Jeg kan ikke li' **dem**.	Vi ventede på **dem**.

3

Læs først teksten sammen med din nabo og så med gruppen:

(M = mor, T = Thomas, F = far, E = Erik)

Mor har været på indkøb. Familien kommer for at se, hvad hun har købt til ________.

M: Jeg mødte Jens og Marianne. Jeg skal hilse fra ________. De kommer hen til ________ i aften. Men se, hvad jeg har købt til ________.

T: Har du også noget til ________?

M: Ja, den her sweater er til ________. Kan du li' den?

T: Ja, den er fin. Hvad får Erik, hvad har du med til ________?

F: Og hvad med ________? Har du slet ikke noget til ________?

M: Jo, jo. Vent nu lidt!
Se Erik, her er et par cowboybukser til ________. Kan du passe ________?

E: De er vist lidt for små, og jeg kan heller ikke li' ________. ________ vil jeg ikke ha'! – Hvad har du med til far, hvad har du med til ________?

M: Selvfølgelig har jeg også noget til far, men det er ikke kun til ________, det er noget til ________ allesammen. Jeg har købt Shu-Bi-Duas nyeste plade! La' os høre ________ nu. Jeg har også husket tobakken til ________, Hans.

F: Har du ikke noget til ________ selv også?

M: Jo, jeg købte en masse forskellige krydderier.

4

Sig til din nabo:

La' os	gå i teatret. drikke en kop kaffe. cykle en tur. ...

Ja, lad os det!
Det er en god idé!
Nej, det gider jeg ikke!
Jeg tror desværre ikke, jeg har tid!
Jeg har desværre ikke tid lige nu!

5

6

Spørg din nabo: Hvor er ...? Den/Det ligger/hænger/står ...

7

Erwin er meget glad for at være i København. Han synes, det er en hyggelig by. Han kunne godt tænke sig at holde ferie i Danmark. Han snakker med familien om det. De synes alle, det er en god idé. De vil tage på en tur Danmark rundt og spørger Birthe, hvilke byer og seværdigheder de skal se.

Birthe fortæller:

I skulle tage til	Skagen.
I skulle se	Køge.
	...

Det ligger	i	Jylland.
	på	Sjælland.
	ved	Århus.
	mellem ... og	...
	i nærheden af	
	nord for	
	syd for	
	øst for	
	vest for	

Hjælp Birthe og fortæl, hvad man kan se i Danmark.

8

Lektion 18

1

Spørg de andre i gruppen: Hvor plejer du at bo i din ferie?

Jeg plejer at bo	på hotel.
	på en bondegård.
	i sommerhus.
	i telt.
	i en ferielejlighed.
	i campingvogn.
	på en båd.
	hos venner.
	...

2

Planer om ferie

(T = Thomas, E = Erik, B = Birthe, H = Hans)

Familien Andersen sidder en kold februaraften omkring bordet i stuen. De snakker om deres ferie.

T: Ska' vi igen til Spanien i år?
E: Nej, la' os ta' til Amerika!
T: Åh, hvor er du dum! Det er alt for dyrt at ta' til Amerika.
B: Jeg tror også, det bliver for dyrt at rejse til Spanien. Priserne er steget, og vi er fire personer!
H: Jeg foreslår, at vi holder ferie i Danmark i år.
T: I Danmark! – Alle mine venner ta'r til udlandet!
E: La' os ta' på telttur Danmark rundt ligesom spejderne!
B: Vores telt er alt for lille til fire personer.
E: Så køber vi et nyt!
B: Nej, det er for dyrt, – og jeg kan ikke li' at ligge i telt, det er alt for primitivt.
H: Vi kan jo leje en campingvogn.
B: Så kan vi lige så godt leje et sommerhus, det er ikke meget dyrere.
E: Ja, et sommerhus! – Et sommerhus ved vandet!
T: Så kan vi bade og tage på fisketure!
E: Men vandet ska' være lavt, jeg kan jo ikke svømme.
T: Nej, det skal være dybt!
B: Hold nu op! – Der er altid så meget at lave i et sommerhus: gøre rent, lave mad, vaske op ...
H: Vi fordeler arbejdet, så bli'r vi hurtigt færdige. Vi kan også grille eller gå på cafeteria.
E: Åh ja, mor!
B: Godt, det er i orden. Hvor ska' vi ta' hen?
H: Hva' me' Ærø? Der er der mange sommerhuse. Vi kan ringe til turistinformationen i Ærøskøbing efter en brochure.

3

Forbind sammen med din nabo:

Familien Andersen	– er for lille til 4 personer.
Det er for dyrt	– sidder omkring bordet i stuen.
Vi holder ferie	– gøre rent, lave mad, vaske op.
Vores telt	– er der mange sommerhuse.
Vi kan leje et sommerhus	– at rejse til Spanien i år.
Der er for meget at lave i et sommerhus:	– så bli'r vi hurtigt færdige.
Vi fordeler arbejdet,	– efter en brochure.
På Ærø	– i Danmark i år.
Vi kan ringe til turistinformationen	– det er ikke dyrere end at leje en campingvogn.

4

Fortæl, hvad du plejer at lave i din ferie:

Jeg plejer at	sove længe.
	læse en masse bøger.
	gå lange ture.
	...

5

Snak med de andre i gruppen om en sommerhusferie. Skriv, hvorfor I kan lide en sådan ferie og hvorfor ikke.

Positivt: Man kan stå op, når man vil ...

Negativt: Man skal selv gøre rent ...

6

Snak med din nabo om en hotelferie i syden. Du er A. Din nabo er B og kan godt lide en ferie på hotel.

A:

1. Jeg kan ikke li' at holde ferie på hotel!

B:

◀ 2. *Hvorfor ikke det?*

A:

3. Man ska' altid spise til bestemte tider!

B:

◀ 4. *Du har sikkert ret, men …*

A:

5. *Det kan godt være, men …*

B:

◀ 6. *Det har du måske ret i, men …*

A:

7. *Jeg synes, at …*

B:

◀ 8. *Nå ja, men …*

A:

9. *Sikkert, men …*

B:

◀ 10. *Ja, det kan godt være, men …*

A:

11. *Ja, det er rigtigt, men jeg mener, at …*

B:

◀ 12. *Tror du virkelig, at …*

A:

13. *Ja, …*

B:

◀ 14. *Nej, det passer ikke! Det er ikke rigtigt!*

A:

15. *Vi bli'r nok aldrig enige!*
    La' os snakke om noget andet!

7

Snak med din nabo om ferietid:

Hvor ofte holder du ferie?	Jeg holder ferie	en gang to gange tre gange ...	om året.

Hvornår holder du ferie?	Jeg holder	altid aldrig	ferie	om foråret. om sommeren. om efteråret. om vinteren. i juni. ...

8

Hvor kan du bedst lide at holde ferie?

Jeg vil helst holde ferie ved vandet. Helst ved havet, – jeg kan godt li' at ligge på stranden og slappe af, – eller gå ture og samle sten. Men det kan også godt være ved en sø eller en flod – det er vigtigt for mig, at der er vand!

I Danmark har vi jo kun bakker, så jeg kan godt li' at holde ferie, hvor der er høje bjerge. Vi ta'r gerne til Schweiz, somme tider også til Østrig.

Vi ta'r altid til Danmark! Jeg elsker landskabet der, – bakkerne, skovene, markerne og de små åer! Jeg kan li' at gå ture i naturen. Jeg kigger på fugle, blomster, træer ...

Jeg ka' godt li' at sejle i min ferie! Det er lige meget, hvor det er. Sidste år var jeg i Spanien og lærte windsurfing!

Lektion 19

1

Hans ringer til turistinformationen

(H = Hans, T = damen/herren i turistinformationen)

T: Goddag. Det er turistinformationen i Ærøskøbing.

H: Goddag, mit navn er Andersen. Vi har tænkt os at holde ferie på Ærø i år. Har I nogen sommerhuse, vi kan leje?

T: Ja, det har vi. Vi har en lille brochure, som jeg kan sende til dig. Men du må skynde dig, hvis du vil leje sommerhus, mange er allerede udlejet. Må jeg lige be' om navn og adresse.

H: Ja, det er Hans Andersen – Hesnæs, 4850 Stubbekøbing, Falster.

T: Tak. – Er der ellers noget, jeg kan hjælpe med?

H: Ja, hvordan kommer jeg bedst til Ærø?

T: Du kører jo nok over Lolland. Så kan du ta' færgen Tårs–Spodsbjerg over til Langeland.

H: Hvor længe varer sejlturen?

T: Ca. 45 minutter. Så kan du sejle fra Rudkøbing til Marstal. Det ta'r en time. – Eller du kan ta' over Tåsinge til Svendborg og derfra til Ærøskøbing. Det ta'r 75 minutter.

H: Ja – jeg ved ikke rigtig ...

T: Nu sender jeg dig en plan, så kan du selv se på afgangs- og ankomsttiderne.

H: Ja tak! Har I et kort over Ærø eller nogen brochurer?

T: Ja, det har vi. Vi har en brochure, hvor der også er et kort. Du skal nok få den sammen med det andet.

H: Tak for det. Farvel.

T: Farvel og tak!

2

Du vil gerne holde campingferie på Møn i Danmark. Du har hørt meget om Møns Klint og om andre seværdigheder på øen. Du ringer til turistinformationen i Stege. (Stege er den største by på Møn.) Du spørger om de informationer, du gerne vil have.

3

Du har fået brev fra Møn med mange brochurer, kort og andre informationer. Nu kigger du på et kort over Stege. Snak med din nabo:

Er der	et rådhus? et museum? en park? en station? ...	Ja, det er der. Nej, det er der ikke.
Hvor er	rutebilstationen? sygehuset? museet? ...	Den / Det ligger på ... / i ...

STEGE

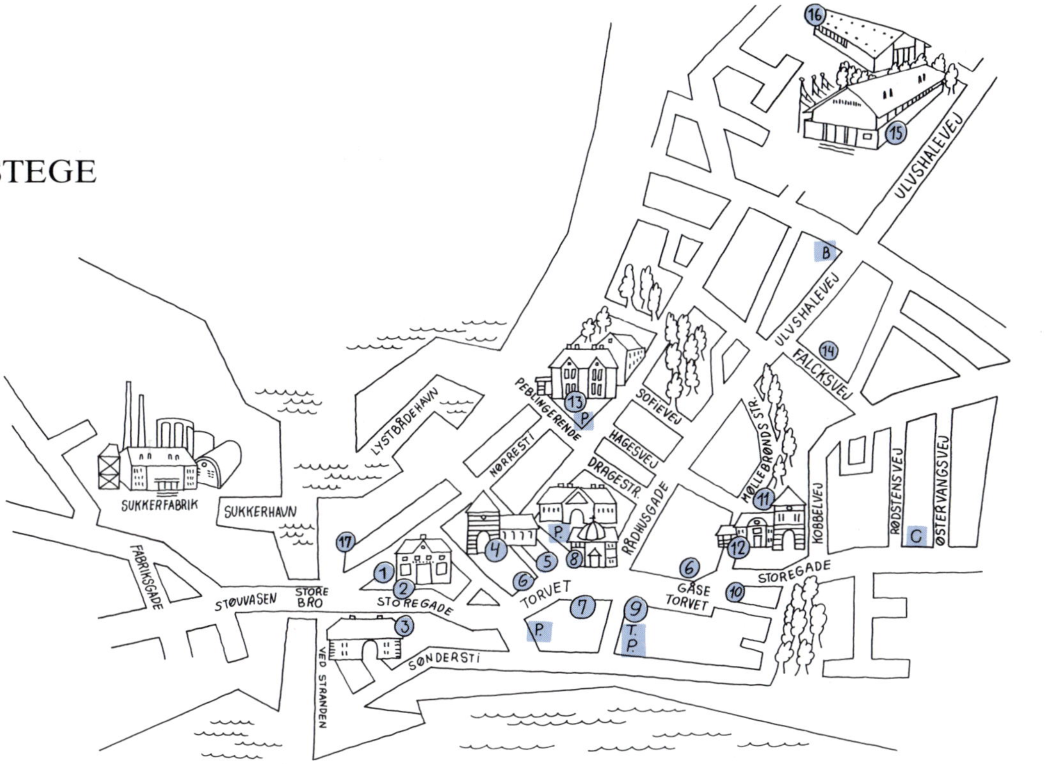

1 posthus
2 turistinformation
3 hotel
4 kirke
5 bank
6 sparekasser
7 apotek
8 politistation
9 kommunekontor
10 rutebilstation
11 bibliotek
12 Møns Museum
13 sygehus
14 camping
15 Mønshallen
16 svømmehal
17 havnekontor

B = benzintank
T = toiletter
P = parkering
C = cykeludlejning

4

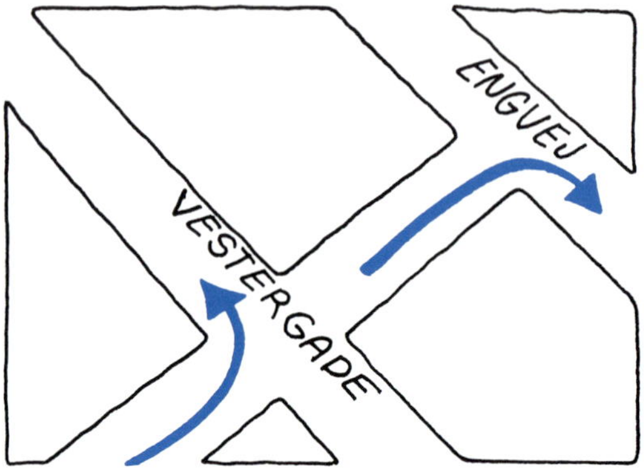

Du skal gå *til venstre ad* Vestergade.
Du skal gå *til højre ad* Engvej.

Du skal gå *forbi* politistationen.
Du skal gå *forbi* Skolegade.

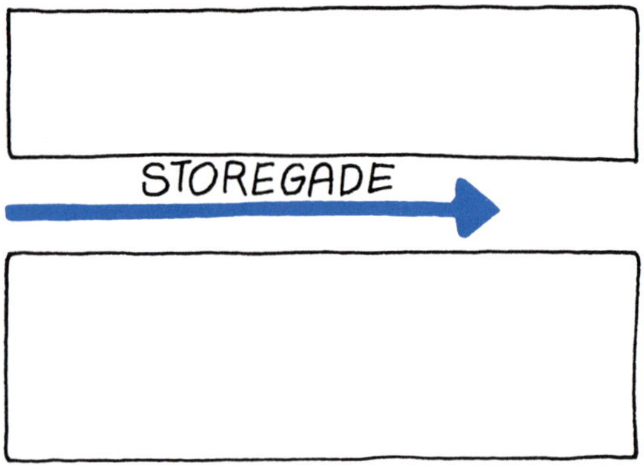

Du skal gå *lige ud ad* Storegade.
Du skal gå *hen ad* Storegade.

Kirken ligger *på venstre hånd.*
Benzintanken ligger *på højre hånd.*

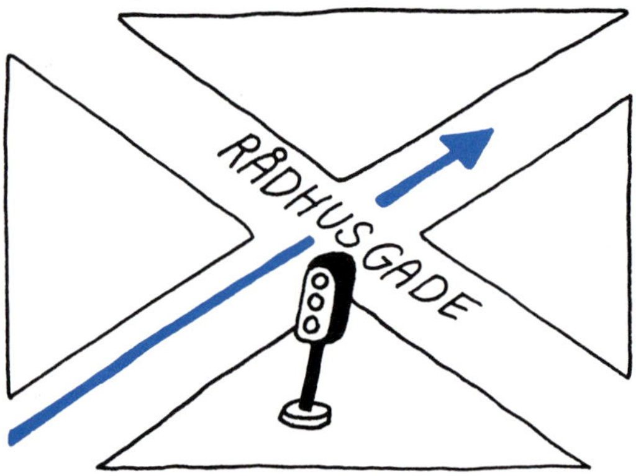

Du skal gå *over* Rådhusgade.
Du skal gå *over* gadekrydset ved lyskurven.

Biografen ligger *på hjørnet af* Nørregade og Engvej.
Politistationen ligger *ved siden af* rådhuset.
Apoteket ligger *over for* rådhuset.

5

Turist i en fremmed by

Du står på torvet i Stege. Nu kender du Stege og kan hjælpe andre turister.

Din nabo er turist og spørger efter andre steder.

Lektion 20

1

Hvordan er vejret?

Det er fint vejr:

1. Solen skinner.
   Himlen er blå.

2. Det er varmt.

Det er dårligt vejr:

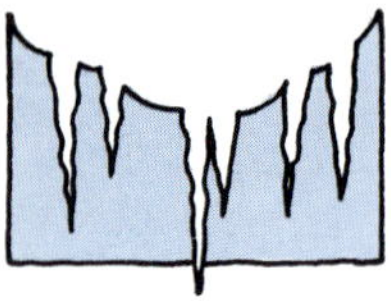

1. Det er koldt.
   Det fryser.
   Der er is på søen.

2. Det regner.
   Himlen er mørk.

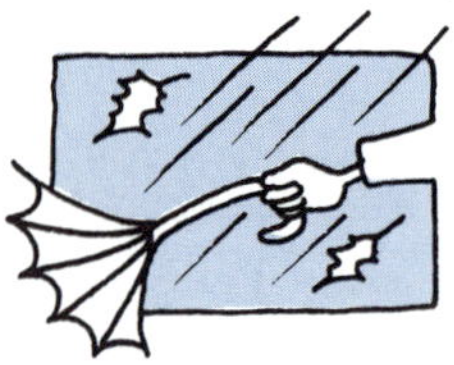

3. Det blæser.
   Vinden er frisk.
   Det er næsten stormvejr.

4. Det er næsten overskyet.
   Der er mange skyer på himlen.

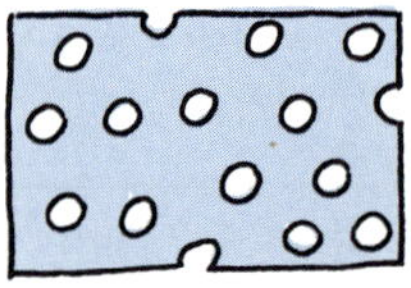

5. Det sner.
   Der ligger sne i gaderne.

6. Det er tåget.
   Tågen er tæt.

2

Spørg din nabo eller i gruppen:

– Hvordan er vejret i dag?

– Hvordan var vejret i går/i din sidste ferie?

Snak om vejret i Danmark.

3

Det er søndag morgen. Du kigger ud ad vinduet for at se, hvordan vejret er. Du foreslår noget, I kan lave.

Vejret er	fint	i dag. Hva' med	at arbejde i haven?	Det er en god idé!
	...		en tur til stranden?	Det gider jeg ikke!
	...		...	Jeg vil hellere ...
	dårligt		at gå i biografen?	
	...		at blive hjemme?	
	...		...	
Det regner				
Det sner				

4

1

Det er i dag et vejr
  – et solskinsvejr!
O, søde vår, så er du atter nær!
Nu vil jeg glemme rent,
  at det var vinter,
nu vil jeg gå og købe hyacinther
og bringe dem til en,
  som jeg har kær.

2

Hun købte af de hvide og de blå,
hun købte af de smukkeste,
  hun så.
Det er i dag et vejr!
  Og solen skinner!
Og om mig svæver
  lutter lyse minder,
dem ta'r jeg med til den,
  jeg tænker på.

3

Og de kom svævende
  i ring og rad.
Hun gik imellem dem
  og var så glad.
Det er i dag et solskin uden mage!
Og jeg har solskin nok
  til mange dage,
og jeg må kysse hvert et lille blad.

4

Hun kyssede dem alle, hver især,
hun bragte dem til den,
  hun havde kær.
Min ven, her kommer jeg
  med hyacinther!
Min ven, nu glemmer vi,
  at det var vinter!
Det er i dag et vejr, et solskinsvejr – !

Ludvig Holstein.
Fra »Digte«, 1895.

5

Her er en annonce med en vejrmelding.
Hvad er der ment med „Dårligt vejr findes ikke ...“?
Hvad mener du selv?

6

Bente kigger på sin strømpe.
Hanne kigger på hendes strømpe.

Børge kigger på sin sko.
Per kigger på hans sko.

7

8

Telefonsamtaler

Det er sidst i februar. Du er på ferie. Du har en kort telefonsamtale med en af dine venner i Danmark. I snakker om vejret.
Hvordan vejret er der, hvor du er, kan du se under „Ferievejret“.

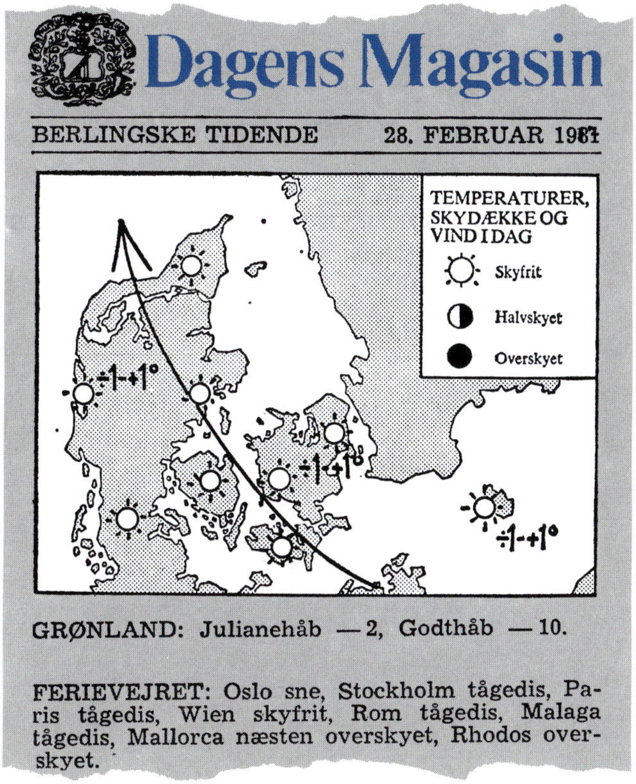

Dagens Magasin

BERLINGSKE TIDENDE 28. FEBRUAR 198[illegible]

GRØNLAND: Julianehåb —2, Godthåb —10.

FERIEVEJRET: Oslo sne, Stockholm tågedis, Paris tågedis, Wien skyfrit, Rom tågedis, Malaga tågedis, Mallorca næsten overskyet, Rhodos overskyet.

9

Futurum

1. præsens	Jeg **kommer** i morgen. Hun **tager** til København.
2. skal + infinitiv	Jeg **skal se** en film med Charlie Chaplin i aften. **Skal** vi ikke **se** fjernsyn i aften?
3. skal til + at-infinitiv	Jeg **skal til at vaske** op lige nu! **Skal** du **til at gå** nu?

10

Spørg i gruppen: Hvad skal du lave i weekenden?

11

Ring til en i gruppen og snak med ham/hende om, hvad I kan lave sammen en af de næste aftener.

Lektion 21

1

Glædelig jul
CLAROPHAN A/S · KUNSTFORLAG · COPYRIGHT · SERIE 43.0100
Julen 1987
Kære Rita, Herbert, Ute og Ingrid!
I ønskes alle en rigtig glædelig jul
og et godt nytår!
Juleaften er vi sammen med Hans'
forældre, de sover også hos os.
1. juledag kommer alle vores venner
til frokost, det bliver sikkert vældig
hyggeligt.
Hvad skal I lave i julen?
De kærligste hilsner
Birthe
2.80
DANMARK
Familien
Rita og Herbert Müller
Dorfstr. 22
D-2333 Süderstedt

2

Mangler du en idé til et godt nytårsforsæt?

Her er 10:

1 Jeg vil ikke have mere end 20° i stuen.

2 Jeg vil tage brusebad i stedet for karbad.

3 Jeg vil aldrig mere vaske op i rindende varmt vand.

4 Jeg vil ikke have mere end 17° i soveværelset.

5 Jeg skal have sat termostatventiler på radiatorerne.

6 Jeg må sørge for at få tætnet døre og vinduer.

7 Jeg vil spare endnu mere på elektriciteten.

8 Jeg vil lære at køre bil efter »sparemetoden«.

9 Jeg vil kun køre i bil, når det er nødvendigt.

10 Jeg vil i det hele taget prøve at spare endnu mere på energien.

Spar på energien

Det blir der også brug for i 1980.

Energi-Spareudvalget ønsker godt nytår.

3

Rigtigt eller forkert?

Man skal …
1. … have 22 grader i stuen.
2. … altid tage brusebad.
3. … vaske op i rindende vand.
4. … have 15 grader i soveværelset.
5. … have termostatventiler.
6. … tætne døre og vinduer.
7. … altid spare på energien.

4

Hvad gør du for at spare på energien?

Måske har I også andre ideer?

5

infinitiv	præsens	imperfektum	perfektum
at kunne	kan	kunne	har kunnet
at skulle	skal	skulle	har skullet
at ville	vil	ville	har villet
at måtte	må	måtte	har måttet
at gide	gider	gad	har gidet

1. Jeg **kan** desværre ikke tale tyrkisk.
   Jeg **kunne** tale med ham.
2. Jeg **skal** gå om fem minutter.
   Skulle vi ikke gå hjem nu?
3. Jeg **vil** spare meget mere.
   Jeg **ville** gøre det, hvis jeg var dig.
4. Du **må** ikke ryge her på skolen.
   Han **måtte** ikke komme.
5. Jeg **gider** ikke vaske op.
   Hun **gad** ikke snakke med ham.

6

Man kan sige den samme ting på forskellige måder, f. eks.:
Vask op! –
Gider du vaske op?
Gider du ikke vaske op?
Vil du ikke nok vaske op?
Vil du ikke godt vaske op?
Kan du ikke vaske op i dag?
Kunne du ikke (lige) vaske op?
Det er din tur til at vaske op.

Nu er det din tur til at sige noget mere venligt:

1. Luk vinduet!
2. Ring mig op!
3. Ryd op!
4. Læs det her brev!
5. Kom i aften!
6. Hjælp mig!
7. Giv mig avisen!
8. Skriv til turistinformationen!
9. Gå til købmanden!
10. Giv mig saltet!

7

Når du siger noget venligt, svarer man dig også venligt:

8

Skilte på gaden

Hvad betyder de her skilte?

man skal køre i højre side af gaden

man må ikke ligge i telt her

Hvad betyder ...

Lektion 22

1

Spørg din nabo: Hvad laver Mulle i sin fritid?

2

Hvad man også kan lave i sin fritid

Se på billederne sammen med din nabo og forbind:

spille badminton	gøre gymnastik	samle på frimærker	ro
fiske	spille tennis	spille skak	spille håndbold
spille volleyball	spille bordtennis	løbe	fotografere

3

Hvad laver du i din fritid?

Snak med de andre i gruppen om, hvad du laver i din fritid. Det her kan hjælpe dig:

Det er min hobby at ...	Det er også min hobby.
Jeg ... (f. eks. fisker)	Det gør jeg også.
Jeg interesserer mig for ...	Det gør jeg også.
Jeg kan godt li' at ...	Det kan jeg også.
Jeg er ikke (så) god til at ...	Det er jeg heller ikke.
Jeg kan ikke (så godt) li' at ...	Det kan jeg heller ikke.
Jeg gider ikke ...	Det gør jeg heller ikke.
Jeg interesserer mig ikke for ...	Det gør jeg heller ikke.

Spørg også:
– Hvad koster din hobby?
– Er du medlem af en forening?
– Er det en hobby, man kan have hele sit liv?
– Hvad mener dine venner/din familie om din hobby?

4

Hvis du havde mere tid, f. eks. når du bliver pensioneret, hvad kunne du så tænke dig at lave?

Jeg kunne godt tænke mig at ...

5

Et brev fra Birthe til familien Müller

Stubbekøbing, den 5. marts 1988

Kære venner!

Det er snart længe siden, vi har hørt fra hinanden. Jeg håber, I har det godt. Her hos os går det fint. Erik havde dog influenza i januar.

Hans er begyndt at fotografere. Han havde længe ønsket sig et fotografiapparat, så vi gav ham et i julegave. Han er meget glad for det og går hver torsdag til kursus på aftenskolen.

Om mandagen går vi begge til gymnastik. Det er både for kvinder og mænd, og der kommer mange, vi kender fra landsbyerne her omkring. Vi har det morsomt sammen, og ofte har vi musik til. Bagefter drikker vi en øl på kroen. Somme tider mødes vi om søndagen i skoven til "jogging".

Om tirsdagen går vi til politik. Der er altid et lille foredrag, f.eks. om de forskellige politiske partier i folketinget, og så diskuterer vi bagefter. Både Hans og jeg interesserer os meget for politik.

I kan se, at der ikke er meget tid til at hygge sig foran fjernsynet! Ja, nu ved I, hvad vi laver om vinteren.

Jeg håber, vi ses næste sommer! God påske!

Kærlig hilsen

Birthe

6

Rigtigt eller forkert?

1. Birthe skriver tit til familien Müller.
2. Birthe og Hans har meget travlt med forskellige hobbys.
3. Hans fotograferer.
4. Han har desværre ikke noget fotografiapparat.
5. Hans går alene til gymnastik.
6. De drikker en øl efter gymnastikken.
7. De mødes alle til jogging om søndagen.
8. Birthe og Hans interesserer sig ikke for politik.
9. Familien Andersen ser fjernsyn hver aften.
10. Det er snart påske.

7

Relativpronomen

Jeg snakker aldrig med dem, **der/som** bor ved siden af.
Har du husket den bog, **(som)** du ville give mig?
Jeg læser alt, **hvad** jeg kan få om Grønland.
Vi tager altid til Danmark, **hvor** vi bor i sommerhus.

8

Øv i gruppen:

Et cafeteria er *et sted, hvor* man kan spise.
En bager er *en mand, som* (eller *der*) sælger brød.

Danmark ______________________
Et telt ______________________
En by ______________________
En lærer ______________________
En restaurant ______________________
En have ______________________
En købmand ______________________
Et supermarked______________________
En slagter ______________________
En møbelforretning ______________________
Et soveværelse ______________________

9

Øv sammen med din nabo og skriv: som, der, –, hvad eller hvor.

1. Jeg kender en mand, ________ kan hjælpe.
2. Lad os holde ferie der, ________ vi plejer.
3. Børnene kan ikke altid lide den mad, ________ jeg laver.
4. Min hobby, ________ jeg har haft i mange år, er ikke særlig dyr.
5. Hun fik det fotografiapparat i julegave, ________ hun længe havde ønsket sig.
6. Jeg har ikke et sted i huset, ________ der er fred.
7. Det er rigtigt, ________ du siger.
8. De voksne kan tit ikke lide den musik, ________ de unge elsker.
9. Hun laver kun mad, ________ han kan lide.
10. Vinen, ________ de havde bestilt, var sur.

Lektion 23

1

Vejret i weekenden

En gruppe unge skal på weekendtur til Henne Strand. Men vejret er meget dårligt, og det er allerede torsdag!

2

Hvad vejr ønsker du dig? Snak med de andre om det:

Jeg håber, at ...,	så kan jeg	ta' til
Bare ...		stranden.
Gid ...		...

Og hvad håber du ellers? Snak med din nabo om det. Tænk på ferie, arbejde, ... f. eks.:
Bare jeg ikke bliver arbejdsløs!
Jeg håber, at vi ikke får krig!
Gid det bliver godt vejr i min ferie!

3 [cassette icon]

Hr. Jensen ringer efter en taxa

(T = taxachauffør, J = hr. Jensen)

T: Nyborg Taxa. Goddag.
J: Goddag, mit navn er Jensen. Kan jeg få en taxa til Mindevej 14, – det er den store bygning på højre side af vejen lige over for supermarkedet.
T: Det er i orden: Vi kommer om et øjeblik.

10 minutter senere.

J: Dav, jeg skal til stationen. Mit tog går om et kvarter, – tror du, vi kan nå det?
T: Ja, det er jeg sikker på. Det ta'r ikke mere end fem minutter til stationen. – – Så! – Nu er vi der allerede! – Skal du ha' en kvittering?
J: Ja tak, det skulle jeg gerne.
T: Værsgo! Og god rejse!
J: Tak, farvel!

Nu ringer du efter en taxa.

4 [cassette icon]

I København

(G = fru Günzel, Ch = chauffør)

Fru Günzel er turist i København. Hun vil tage bussen ind til Rådhuspladsen. Hun står nu ved et busstoppested, og der kommer en bus. Fru Günzel spørger chaufføren:

G: Undskyld, kører De til Rådhuspladsen?
Ch: Nej, ikke direkte, men De kan ta' med mig og skifte ved Sallingvej. Så skal De ta' linie 2 derfra. Den kører direkte til Rådhuspladsen.
G: Vil De sige til, når vi er ved Sallingvej?
Ch: Det skal jeg nok gøre. – De skal stå af anden gang, vi holder.
G: Tak skal De ha'! Hvor tit kører linie 2?
CH: Hvert 5. minut.
G: Tak!

Læs teksten og skriv op: Hvad spørger fru Günzel om? – Hvad svarer buschaufføren? Spil en sådan situation sammen med din nabo.

5

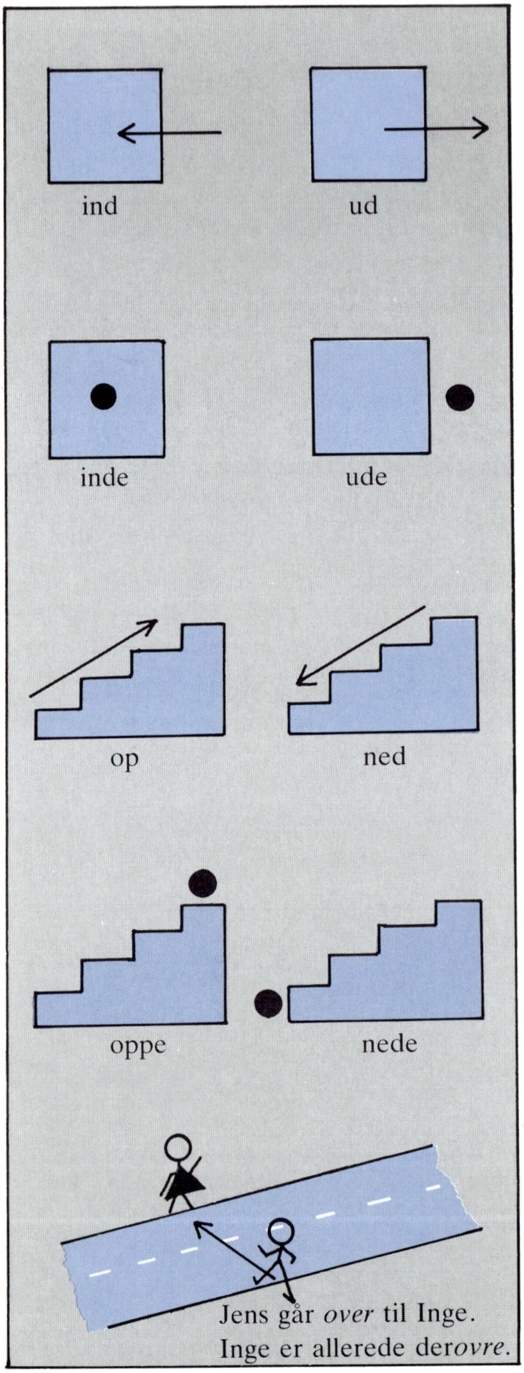

6

Hvad hedder det: ind(e)? – ned(e)? – op(pe)? – ud(e)? – hen(ne)? – hjem(me)? Øv med din nabo.

1. Hvor er du ______?
2. Jeg er ______ i køkkenet.
3. De sejler ______ i havnen.
4. Jeg går ______ nu!
5. Vi spiser ______ på terrassen.
6. Hvornår var du ______ i går?
7. Du skal gå ______ ad den her gade.
8. Birthe er ______ hos sin veninde.
9. Kom ______ af vandet.
10. Kør ______ ad gaden til lyskurven.
11. Jens sidder ______ på sit værelse.
12. Går du med ______ til Ole?
13. Han ser fjernsyn ______ i stuen.
14. Vi har et hobbyrum ______ i kælderen.
15. Hun sidder ______ i træet.

7

På Københavns Hovedbanegård

(G = fru Günzel, I = damen/herren i informationen)

Fru Günzel skal rejse hjem igen. Hun vil tage over Rødby–Puttgarden til Hamborg.

G: Hvornår går der et tog til Hamborg?
I: Det næste tog afgår kl. 16.45 og ankommer til Hamborg hovedbanegård kl. 21.59.
G: Det passer fint. Skal jeg skifte?
I: Nej, det skal De ikke. Toget afgår fra spor (perron) 5. Har De allerede en billet?
G: Ja, jeg har en returbillet, men jeg vil gerne ha' en pladsbillet.
I: Den kan De få derovre.
G: Tak, farvel!

8

Du sidder i „Informationen“ på en dansk station. Din nabo beder dig om informationer om en togrejse.

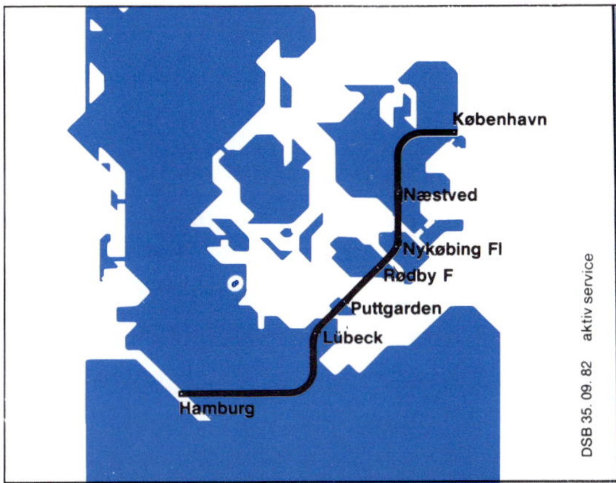

København-Hamburg

		Hamburg-Express	IC Merkur □	Hansa-Express		København-Express	Nord-Express	
København H	af	7.20	10.15	13.20	16.45	a17.45	21.10	23.45
Næstved	af	8.17	11.07	14.17	*17.18*	18.41	22.05	0.40
Nykøbing F	af	8.53	11.41	14.53	18.16	19.17	22.40	1.14
Rødby F	af	9.25	12.10	15.25	18.55	19.55	23.35	1.55
Puttgarden	an	10.30	13.15	16.30	20.00	21.00	0.40	3.00
Lübeck Hbf	an	11.45	14.28	17.44	21.18	22.22	2.13	4.48
Hamburg Hbf	an	12.27	15.07	18.26	21.59	a23.03	3.07	5.49

Togene af København 21.10 og 23.45 har sove- og liggevogne.

Hamburg-København

		Nord-Express	København-Express		Hansa-Express	IC Merkur □	Hamburg Express	
Hamburg Hbf	af	3.25	b 7.00	8.39	11.32	14.46	17.40	23.35
Lübeck Hbf	af	4.15	7.40	9.19	12.12	15.26	18.20	0.26
Puttgarden	af	5.40	8.55	10.35	13.25	16.35	19.35	2.25
Rødby F	an	6.40	9.50	11.30	14.20	17.30	20.30	3.25
Nykøbing F	an	7.33	10.34	12.13	14.53	18.05	21.14	4.48
Næstved	an	8.12	11.11	12.56	15.33	18.42	21.50	5.47
København H	an	9.09	b12.09	13.54	16.29	19.40	22.45	6.45

Togene Hamburg Hbf af 3.25 og 23.35 har sove- og liggevogne

Lektion 24

1

Hans kører til en benzintank

– Jeg vil gerne ha' fyldt op.
– Vi har selvbetjening, det har vi haft længe.
– Åh, undskyld, det tænkte jeg ikke på, nu skal jeg nok gøre det selv! Men vil du ikke godt se på motoren, jeg tror, der er noget i vejen. Den vil ikke rigtig starte.
– Så la' os da lige kigge på den. – Tja, – du ska' vist ha' nogle nye tændrør, vi må hellere sætte et par nye i.

Lidt senere.

– Ja, så er vognen vist klar igen! Er vand, olie og luft i orden?
– Jeg vil gerne ha' skiftet olie. Varer det længe?
– Vi har meget travlt i øjeblikket, men vognen kan være klar om to timer.
– Det er i orden, men jeg er virkelig nødt til at ha' den om to timer, jeg skal til koncert i aften. – For resten synes jeg, den bruger for meget olie. Hvis du har tid, kan du måske også lige kigge på det.
– Det skal jeg nok.

2

Se på regningen fra et andet værksted. Lav en dialog sammen med din nabo, hvor I er på en benzintank eller et værksted.

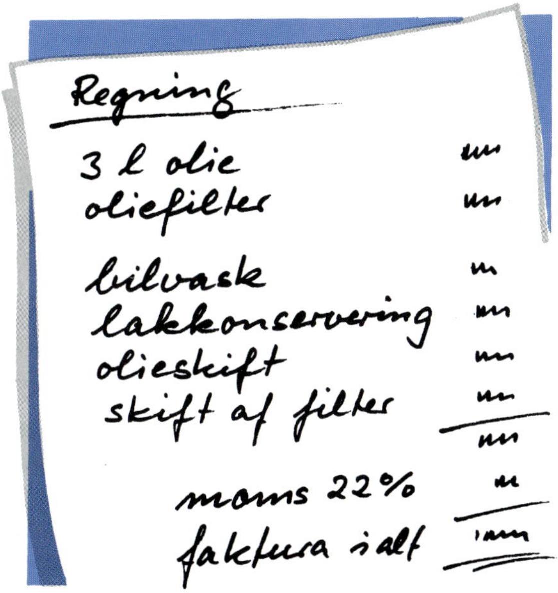

3

Spørg din nabo: Hvordan kommer du på arbejde?

Jeg	kører på	cykel. knallert. motorcykel.
	kører med tager med	undergrundsbane. s-tog. bus. rutebil.
	sejler med	færgen.
	kører i	bil. taxa.
	går. cykler.	

4

Du kender ikke det danske ord for en ting. Derfor må du sige, hvordan den ser ud, hvad man bruger den til, o.s.v.

Det her kan måske hjælpe dig:
Den er lavet af træ./Det kan være af plastic, metal ...
Her er nogle ting:

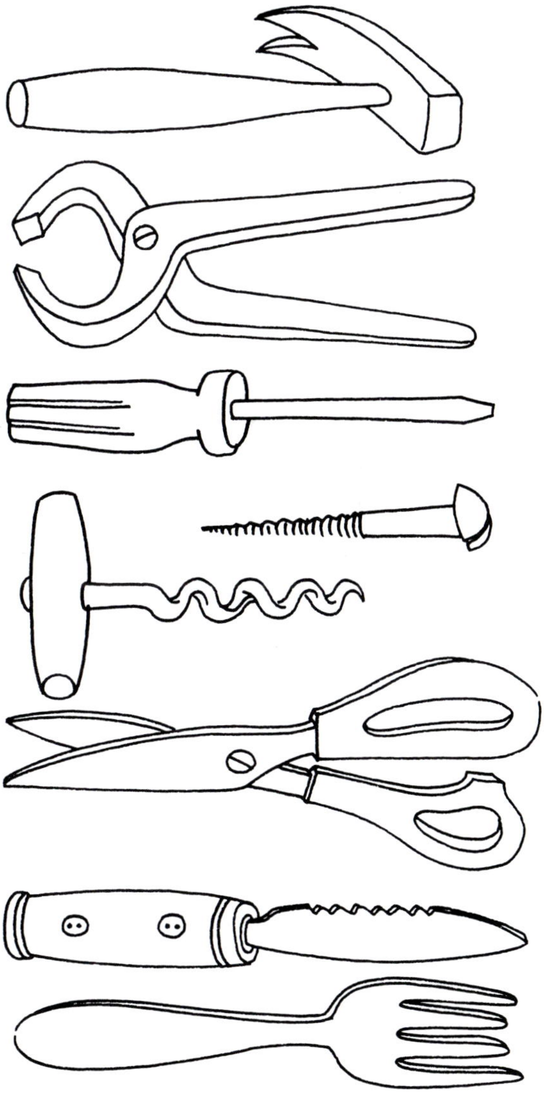

5

Brevkasse

Officielt er jeg dansker, men ...

Jeg ringer til en smørrebrødsforretning, som søger en til at ekspedere. Jeg siger: „Goddag, mit navn er Johanne Eriksen, jeg ringer angående den stilling, De har annonceret, jeg er meget interesseret". Men ét ord må være smuttet for mig, og stemmen i den anden ende af telefonen spørger: „Er du dansker?" Jeg tænker på, hvor han vil hen med det, jeg har jo dansk statsborgerskab. Min stolthed kommer op i mig, så jeg siger: „Jeg er grønlænder" – i stedet for bare at svare „Ja". Tavshed et par sekunder, hvor jeg tænker på, at nu har jeg igen ikke en ærlig chance, nu vil racediskriminationen vinde igen.
Stemmen spørger om lidt mere, og jeg svarer. Man beder mig om at ringe igen om et par dage. „Tak, det lyder godt, farvel", tvinger jeg mig selv til at sige, selv om jeg godt er klar over, at det er en pæn, nem måde at slippe af med mig på. „Stillingen er allerede besat", vil der blive svaret, når jeg ringer igen. Ja, sikkert af en ægte dansker. *Forbitret 19-årig*

– Hvorfor ringede den 19-årige til smørrebrødsforretningen?
– Hvorfor spørger manden, om hun er dansker?
– Hvad siger hun til det?
– Hvad sker der, da hun siger, at hun er grønlænder?
– Tror hun, at hun får stillingen?
– Tror du, at hun får stillingen? Hvorfor/hvorfor ikke?
– Mon hun før ikke har fået en stilling, fordi hun er grønlænder?

Den 19-årige er grønlænder i Danmark. Snak med de andre i gruppen om, om der kunne ske noget i samme retning i dit land. Snak også om, hvilke problemer – også sociale – man kan have som udlænding, når man bor i et andet land.

6

Hun er fra Grønland. Hun er grønlænder.
Hun er fra England. Hun er englænder.
Hun er fra Danmark. Hun er dansker.
Hun er fra Schweiz. Hun er schweizer.
Hun er fra Østrig. Hun er østriger.
Hun er fra Tyskland. Hun er tysker.
Hun er fra Norge. Hun er nordmand.
Hun er fra Frankrig. Hun er franskmand.

7

Du har haft nogle planer. Nu bliver de ikke til noget. Du er meget skuffet!

Jeg	kan desværre ikke	tage til Danmark.	Det er jeg meget skuffet over!
Du		...	Det var kedeligt!
Vi		...	Det er jeg meget ked af!
			Det er en skam!

8

Din nabo har inviteret dig hjem. Han/hun er lige flyttet ind i sit hus. Alt er nyt, – der er mange pæne ting og møbler. Han/hun har næsten lavet alt selv.

Fortæl, hvor godt du kan lide andre ting i huset.

Lektion 25

1

Jens Larsen:

Jeg er landmand og har min egen gård. Jeg kan godt lide arbejdet, det er meget interessant. Jeg nyder at være ude i marken, for jeg kan godt lide at arbejde i frisk luft.
Men jeg har en lang arbejdsdag. Jeg starter tidligt, allerede klokken fem om morgenen. Jeg kan heller ikke være væk fra gården i længere tid, – så jeg har ikke været på ferie, siden jeg købte gården af min far. Min kone og jeg prøver at være fælles om alt arbejde, så er det morsommere for os begge to. Rent økonomisk står det meget hårdt til her på gården, jeg må betale temmelig meget i skat til staten. Jeg håber alligevel, at gården en dag kan gå videre til min søn Per.

Elly Olsen:

Jeg er husmor, men har et deltidsarbejde for at tjene nogle ekstra penge. Jeg har en stilling som kontordame i et rejsebureau. Jeg er glad for jobbet, fordi jeg ikke kunne tænke mig at gå hjemme hele dagen. Børnene er i børnehave om formiddagen, så det går helt godt. Jeg henter dem, når jeg er færdig på kontoret og har købt ind.
Desværre hjælper min mand ikke til hjemme, og ofte føler jeg, at det bli'r for hårdt for mig at klare alt – både jobbet, børnene og arbejdet hjemme.

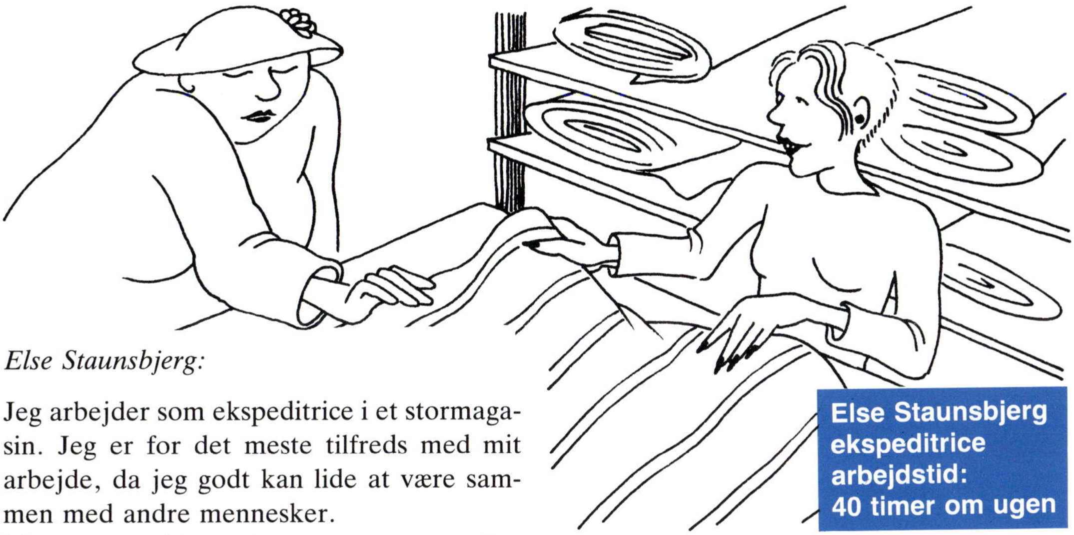

Else Staunsbjerg:

Jeg arbejder som ekspeditrice i et stormagasin. Jeg er for det meste tilfreds med mit arbejde, da jeg godt kan lide at være sammen med andre mennesker.
Men somme tider er jeg meget træt om aftenen, fordi der er så meget støj og så dårlig luft i forretningen, – og man står op hele dagen! Ofte er folk sure og ikke særlig venlige mod mig, – så synes jeg, det er et trist job.
Måske starter jeg på en ny uddannelse til næste år, jeg er allerede begyndt at gå til tysk og engelsk på aftenskolen. Når man søger en stilling, er det godt at kunne tale flere sprog.

Carl Holm:

Jeg arbejder på en fiskemelsfabrik. Arbejdet er ikke særlig interessant, men jeg har fast arbejdstid, og det kan jeg godt lide. Jeg begynder klokken syv om morgenen og har fri klokken fire. Klokken tolv har vi en frokostpause, hvor jeg kan spise i kantinen.
Jeg mener ikke, at jeg tjener nok, så jeg er medlem af en fagforening. Men jeg er imod at strejke for flere penge nu. Det går ikke så godt for Danmarks fiskeri for tiden, så jeg er lidt bange for, at vores fabrik bliver nødt til at lukke. Jeg er meget bange for at blive arbejdsløs. Jeg har en bror, der ikke fik nogen arbejdsplads efter at have været i lære. Han har nu været arbejdsløs i halvandet år.

2

Snak med de andre i gruppen om:

– Hvad laver Jens/Elly/Else/Carl?
– Hvad kan du sige om de fire personers arbejdstid?
– Hvorfor kan de lide deres arbejde?
– Hvad kan de ikke lide?
– Hvad er de bange for? Har de problemer?

3

Fortæl om dit arbejde: Hvad laver du?

Jeg har en stilling/et job som ...

Jeg arbejder	i en forretning i en bank i et firma i en butik	i Ulm. i Zürich. i Wien. ...
	på en fabrik på et kontor	
	hos en læge hos Dan-Tron	

4

Fortæl om din arbejdstid, din uddannelse o.s.v.:
Hvorfor kan du lide dit arbejde?
Hvorfor ikke?
Hvordan er dit arbejde?

De her ord hjælper dig måske:
positivt: godt, interessant, vigtigt ...
negativt: farligt, dårligt, hårdt, kedeligt, snavset, trist ...

5

Hvad synes du, er vigtigst ved en god stilling? – Sæt numre på:

- ○ god løn
- ○ fast arbejdstid
- ○ god chef
- ○ behagelig atmosfære
- ○ hyggelig arbejdsplads
- ○ rolige arbejdsforhold
- ○ venlige arbejdskolleger
- ○ ....
- ○ ....
- ○ ....

Snak med de andre i gruppen om det.

6

ikke	1. Han kommer ↑ i morgen.
nok	2. Han vil ↑ komme i morgen.
måske	3. Kommer han ↑ i morgen?
...	4. Vil han ↑ komme i morgen?
	5. Hun siger, at han ↑ kommer i morgen.
	6. Hun siger, at han ↑ vil komme i morgen.
	7. Hun spørger, om han ↑ kommer i morgen.
	8. Hun spørger, om han ↑ vil komme i morgen.

7

Snak med din nabo. Fortæl bagefter de andre i gruppen om det.
Find ud af, om din nabo
- altid drikker kaffe om eftermiddagen.
- ofte går i biografen.
- allerede har set den nyeste film af Woody Allen.
- altid går tidligt i seng.
- tit sover længe om søndagen.

Nu fortæller du, hvad din nabo har sagt:
Grethe siger, at hun altid/aldrig ...
Ole siger, at han ofte/tit/næsten aldrig/meget ofte ...

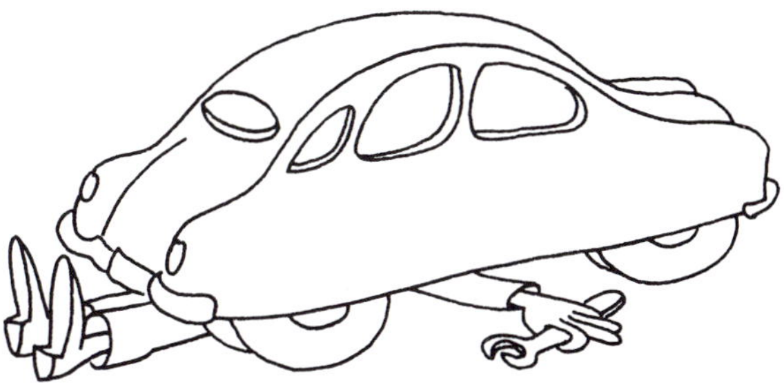

Lektion 26

1

Kroppen

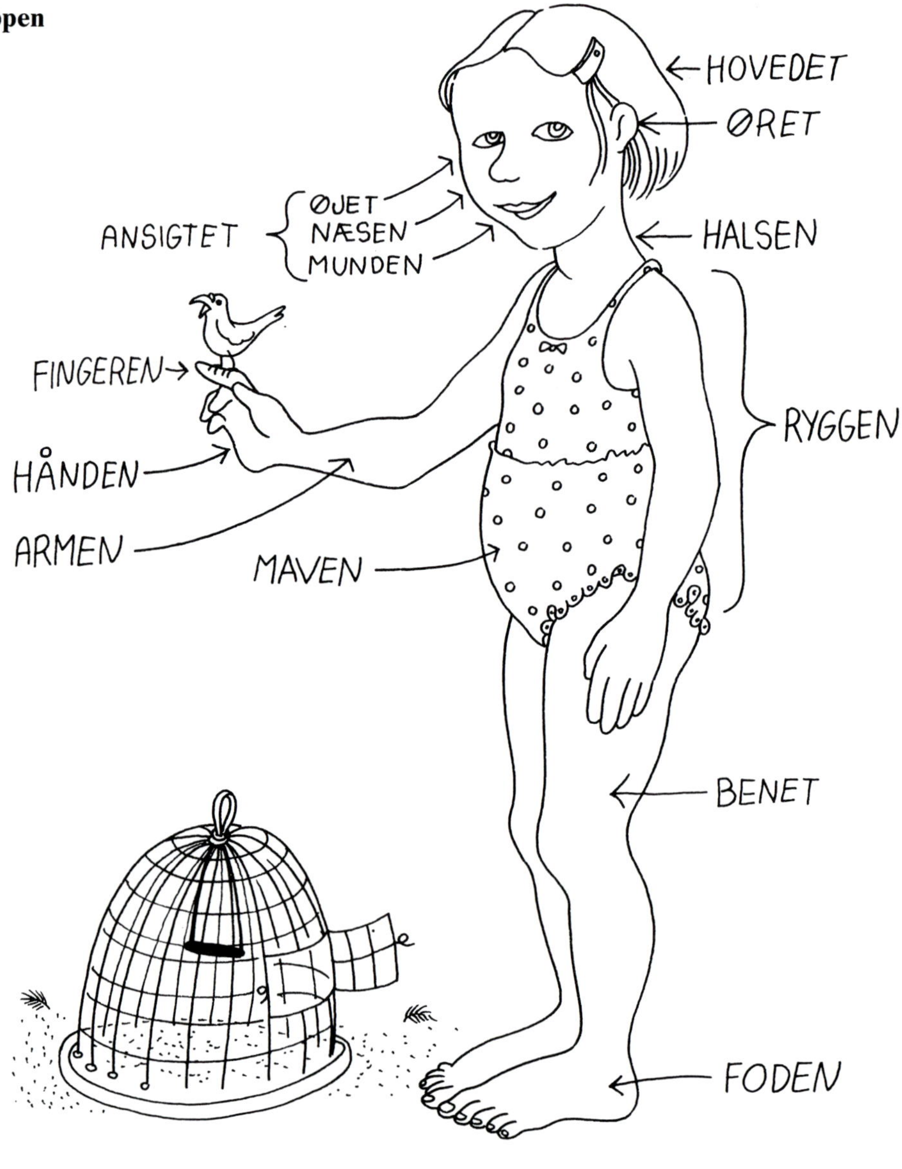

2

Snak med din nabo. Hvad fejler de?

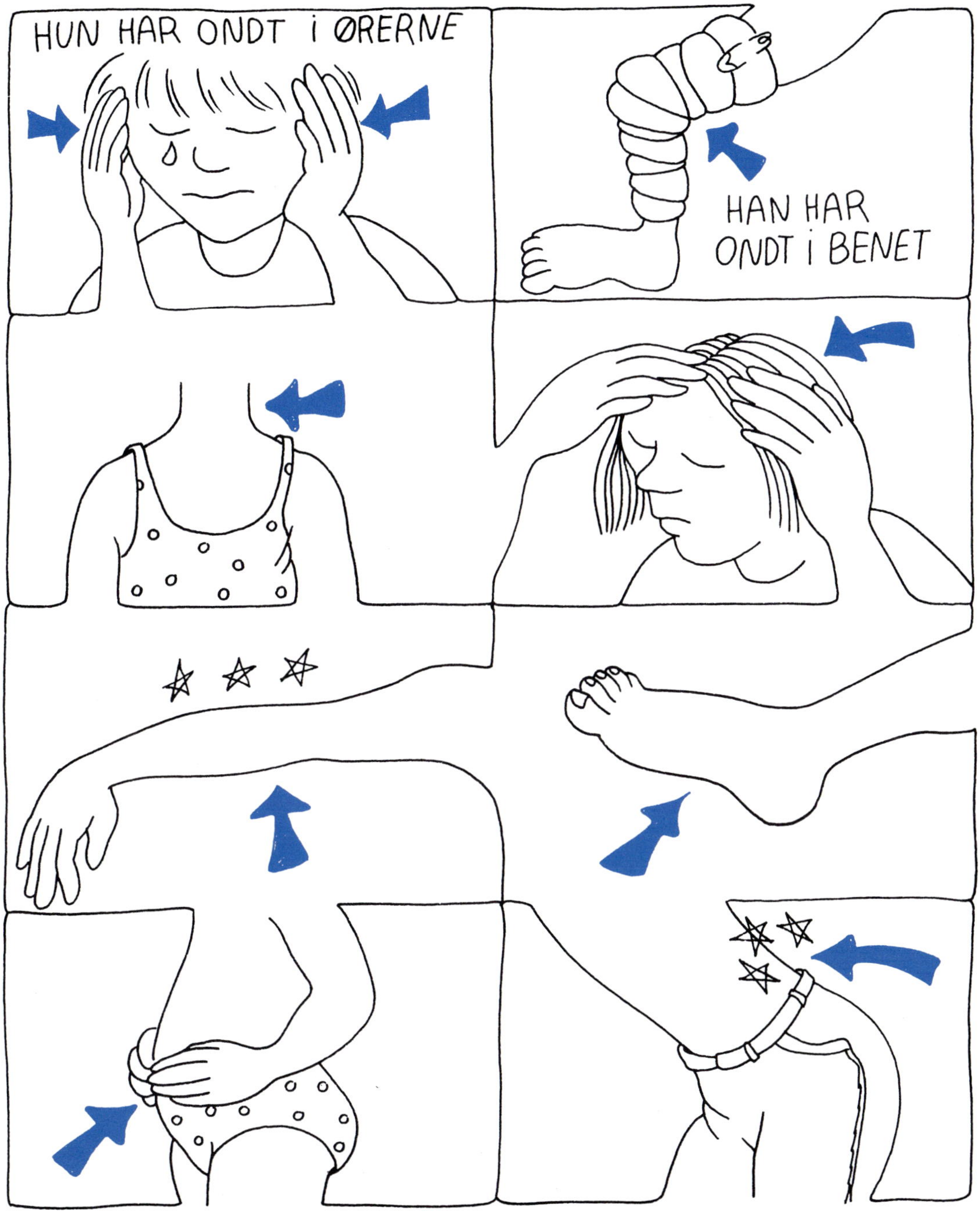

3

Erik er syg

Familien Andersen holder ferie i et sommerhus på Sjælland.
En morgen kommer Thomas ind i forældrenes soveværelse og fortæller, at Erik føler sig utilpas. „Åh, bare han ikke er syg," siger Birthe og skynder sig hen til drengenes værelse. Hun sætter sig ved Eriks seng og spørger, hvad han fejler. Erik ligger meget stille. „Jeg føler mig ikke rigtig rask," siger han. „Jeg fryser og har en forfærdelig hovedpine." – „Har du ondt i halsen?" spørger Hans, som nu også er kommet. – „Ja, lidt."

Birthe vil gerne se, om Erik har feber, men de har ikke noget termometer. „Vi kan måske låne et hos naboen," mener Hans, men Birthe siger: „Jeg tror bestemt, at Erik har feber. Vi må hellere være forsigtige og ringe til lægevagten, så vi kan få en læge til at se på Erik."

000 **Klokken** 0055
KTAS 0019
Lægevagten 0041
0066 (Lægevagten i København omegn er kun åben hverdage kl. 16.00–7.00, lørdage samt søn- og helligdage)
Mobiltelefon
0047 Ikke-automatiske mobiltelefoner 4- og 5-cifrede mobiltelefonnumre 0020
0048

Numm
KTAS-
Øvrige
Udlan
Rigste
Samta
(telefo
Inden
områd
Fælles
noterir
Ud ov
det m
Sjællar
(meller
Til øvri

Hans kører til den nærmeste by for at ringe. Han finder lægevagtens nummer foran i telefonbogen. Han drejer 0 – 0 – 4 – 1.

(L = lægevagt, H = Hans, Hl = lægevagt i Helsinge)

L: Det er lægevagten.
H: Jeg vil gerne have lægevagten i Helsinge.
L: Ja, et øjeblik!
Hl: Det er lægevagten i Helsinge.
H: Goddag. Det er Hans Andersen. Min søn er syg. Jeg vil gerne have en læge til at se på ham.
Hl: Hvad fejler han?
H: Han har hovedpine og ondt i halsen. Han har været temmelig forkølet i de sidste dage.
Hl: Har han feber?
H: Det ved jeg ikke. Vi er i sommerhus og har ikke noget termometer. – Men han er temmelig varm.
Hl: Hvad er Deres adresse?
H: Fuglevænget 14. Det er i sommerhusområdet lige nord for Hedeby. Man kører ud ad hovedvejen og drejer så til venstre. Fuglevænget er den første vej på højre hånd.
Hl: Der kommer en læge om ca. halvanden time.
H: Tak for det! Farvel.
Hl: Farvel.

To timer senere kommer lægen. Hun spørger Erik, hvad han fejler, og undersøger ham. Nu har Erik meget ondt i halsen, og lægen siger, at den også er meget rød. – „Du har en slem influenza. Det er jo ikke så rart i ferien. Du må hellere få noget medicin, så du hurtigt kan blive rask igen. Men du må blive i sengen nogle dage."
Lægen skriver en recept og siger til Birthe: „Erik skal tage en pille 3 gange daglig. Gør det meget ondt, kan han godt tage 2 piller, – men husk, ikke mere end 3 gange daglig."

Birthe siger, at det er i orden, og takker hende.
Før lægen går, siger hun „God bedring“ til Erik.

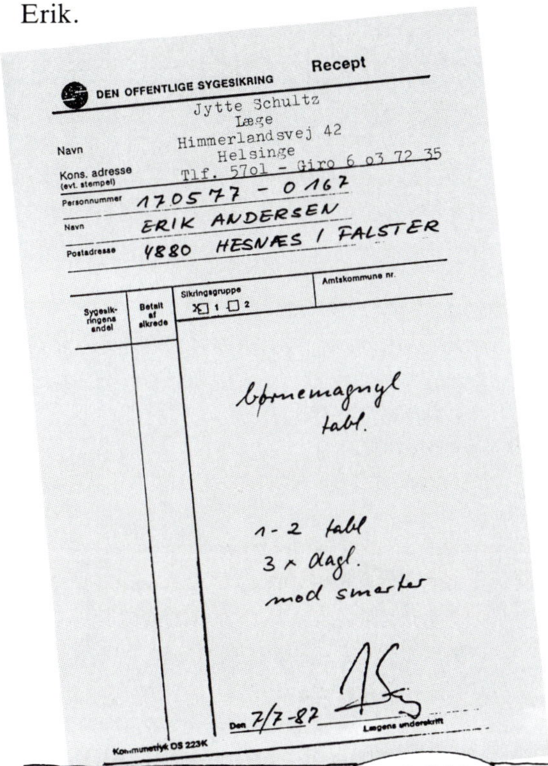

DEN OFFENTLIGE SYGESIKRING — Recept

Navn: Jytte Schultz, Læge
Kons. adresse (evt. stempel): Himmerlandsvej 42, Helsinge, Tlf. 57ol - Giro 6 03 72 35

Personnummer: 170577 - 0167
Navn: ERIK ANDERSEN
Postadresse: 4880 HESNÆS I FALSTER

Sygesikringens andel	Betalt af sikrede	Sikringsgruppe ☒ 1 ☐ 2	Amtskommune nr.
		Kronemagnyl tabl. 1 - 2 tabl 3 x dagl. mod smerter	

Den 7/7-87 — Lægens underskrift

Kommunetryk OS 223K

4

På sygebesøg

Bo har været syg i flere dage. Hans kollega kommer og besøger ham.

– Hvordan har du det?
– Åh, jeg har det ikke så godt!
– Hvad fejler du?
– Jeg har det forfærdelig skidt! Jeg har forfærdelig ondt i ryggen.
– Åh, det er jeg ked af at høre. Jeg håber, du snart får det bedre og bliver rask igen! Jeg har en bog med til dig, det er den nyeste roman af Anders Bodelsen.
– Mange tak, Flemming!

5

Spil sådan nogle dialoger med din nabo. Det her hjælper dig:

6

I	**Der er** ikke nogen bjerge i Danmark. I Danmark **er der** ikke nogen bjerge. **Jeg arbejder** ikke om lørdagen. Om lørdagen **arbejder jeg** ikke.
II	Anna **har lært** dansk i fem år. I fem år **har** Anna **lært** dansk. Jeg **vil** først **gå** til læge på tirsdag. På tirsdag **vil** jeg **gå** til læge.
III	**Vi går** ikke til stranden, hvis det regner. Hvis det regner, **går vi** ikke til stranden. **Lone strikker** altid, når hendes mand går til dansk. Når hendes mand går til dansk, **strikker Lone** altid.

7

I snakker i jeres gruppe om, at I vil have en dejlig dag sammen i weekenden. Måske næste lørdag?
Nu laver I planer om, hvordan dagen skal gå.

Begynd altid med f. eks.:
Klokken 10 ... – først ... – så ... – bagefter ...– klokken 12 ... – osv.

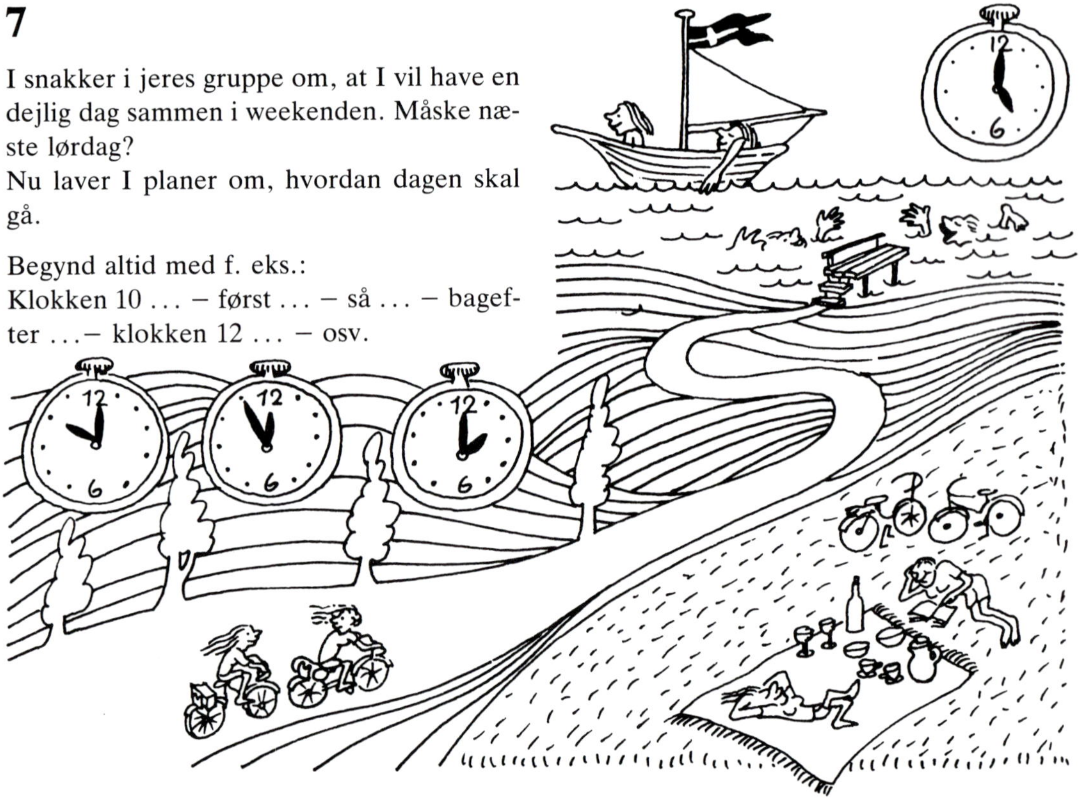

Lektion 27

1

Hos lægen

Hvad lægen kan sige:	Hvad du kan sige:
Hvad fejler du?	
Hvor gør det ondt?	
Lad mig se på det.	Jeg har skåret mig i fingeren/i benet/...
Det går snart over.	Jeg har slået mig på benet/på armen/...
Det ser ikke så godt ud.	Jeg tror, jeg har brækket min arm/mit ben/ ...
Hvor længe har du haft det?	Jeg har hovedpine/mavepine/tandpine/ørepine/feber/...
Her har du en recept.	Det gør ondt / Jeg har ondt — i maven/i øret/...
Tag 3 piller daglig.	
Vi sætter et plaster på.	
Du har det nok snart bedre.	

Skriv en dialog sammen med din nabo og spil den.

2

Et færdselsuheld

I deres sidste ferie på Møn gik familien Müller en aften en tur gennem hovedgaden i Stege. Der var ikke meget trafik, og der var ikke nogen mennesker på gaden.
Da de kom forbi værtshuset, så de en tyk mand komme ud derfra og gå lige ud på gaden. En bil, som kom i samme øjeblik, kunne ikke standse og kørte manden ned. Han lå meget stille.
„Er han død, mor?" spurgte Ingrid.
„Vi bliver nødt til at ringe efter en ambulance," sagde Rita oprevet.
Herbert løb hen til telefonboksen uden for posthuset. Han var bange for, at han som udlænding havde svært ved at forklare, hvad der var sket. Men foran i telefonbogen så han, at det var meget let at ringe efter ambulancen.
Han drejede 0 – 0 – 0 og sagde: „Ambulance! Til hovedgaden i Stege! Der er sket en alvorlig ulykke lige uden for værtshuset!" – „O.k. Vi kommer straks!" –
Der kom efterhånden andre folk til og spurgte, hvad der var sket. Man vidste ikke rigtig, hvordan man skulle hjælpe manden, der stadig lå på gaden. Manden, der havde kørt bilen, var meget oprevet.
Heldigvis varede det kun fem minutter, før ambulancen kom. Manden blev forsigtigt båret ind i ambulancen, som så hurtigt kørte af sted. Politiet var også kommet.
„Det var en slem historie!" mente Rita.
„Tror du, han er død, mor?" spurgte Ingrid igen.
„Nej, lad os håbe, at han har været heldig. Nu kommer han på skadestuen." Politiet spurgte, hvem der vidste, hvordan ulykken var sket. Herbert sagde, at de havde set det, og en mand med et stort skæg forklarede, at han havde set det hele fra sit vindue. „Kan I komme med hen på politistationen, så kan vi skrive en rapport," sagde den ene af politibetjentene. De gik derhen sammen.

3

Sæt numre på og læs:

___ Familien Müller gik en tur gennem hovedgaden.
___ Manden faldt og lå meget stille.
___ Ambulancen kom få minutter senere.
___ Han gik lige ud på gaden.
___ Herbert ringede efter en ambulance.
___ Manden blev kørt til sygehuset.
___ Der var ikke meget trafik.
___ En bil kunne ikke standse og kørte manden ned.
___ Politiet spurgte, hvem der havde set, hvordan ulykken skete.
___ En mand kom ud fra værtshuset.

4

Fortæl i gruppen.

Hvad Rita sagde til politiet:
Vi gik ______________________
Vi så en mand ______________________
Han ______________________
En bil ______________________
Manden ______________________
Herbert ______________________
Ambulancen ______________________

Hvad manden med det store skæg sagde til politiet: Jeg ______________________

Hvad manden, der kørte bilen, sagde til politiet: Jeg ______________________

5

Fortæl om et færdselsuheld, du har set eller selv har haft.

6

Se på billedet. Her er meget arbejde for hr. Madsen. Snak med de andre i gruppen om det:

Han er nødt til at Det er nødvendigt at	rydde op. sætte et nyt ben på sofaen. ...
Det er nødvendigt, at	han rydder op. ...

7

I	morgen	+ mad	= morgenmad
	motor	+ vej	= motorvej
	post	+ kort	= postkort
	post	+ nummer	= postnummer
II	aften -s	+ mad	= aftensmad
	land -s	+ by	= landsby
	smørrebrød -s	+ forretning	= smørrebrødsforretning
	skib -s	+ dreng	= skibsdreng
III	folk -e	+ ting	= folketing
	bad -e	+ værelse	= badeværelse
	opvask -e	+ maskine	= opvaskemaskine
	brus -e	+ bad	= brusebad

Lektion 28

1

Lone ringer til Jane

(L = Lone, J = Jane)

J: Det er Jane.

L: Hej, Jane!

J: Hej, Lone. Hvor er det skønt, at du ringer. Jeg har haft sådan en dum dag. Jeg er forfærdelig sur.

L: Det er jeg ked af at høre. Men tag det nu roligt og slap lidt af! Hvad er der sket?

J: Jo, nu skal du høre. Jeg blev vækket ved, at jeg fik et telegram fra Arne. Han kan ikke nå at komme hjem til weekenden. Det blev jeg godt sur over, for han har været på forretningsrejse siden sidste uge.
Så vaskede jeg mit hår, og da jeg ville tørre det, opdagede jeg, at min hårtørrer ikke virkede. Jeg håber, at Arne kan reparere den, jeg har ikke rigtig råd til en ny lige nu. – Vi skal også betale mere i husleje, vi fik brev om det i formiddags. Nu sidder mit hår ikke rigtigt, – jeg må nok hellere gå til frisør, mit hår skal alligevel klippes. Eller – sig mig, må jeg ikke få lov til at låne din hårtørrer?

L: Jo, selvfølgelig, det må du da gerne.

J: Vil du høre resten? – Der er et eller andet i vejen med katten, den vil slet ikke spise noget, selv om den må være sulten.

L: Ja, det er mærkeligt, – måske har en eller anden af naboerne givet den noget at spise, og den er mæt.

J: Nej, det tror jeg ikke. Det har nu varet i tre dage, jeg må nok hellere gå til dyrlæge. – Og da jeg ville over til købmanden for at hente lidt mælk til katten, faldt jeg på trappen.

L: Åh, nej, det er ikke rigtigt! Slog du dig?

J: Nej. Da jeg kom hjem igen, opdagede jeg, at en eller anden havde været i entreen, mens jeg var væk, – der lå en annonceavis. Forstår du, jeg havde glemt at låse døren, – men jeg synes ikke, man bare sådan kan gå ind.

L: Nej, det synes jeg bestemt heller ikke.

J: Så ville jeg sende en pakke til min mor. Hun har fødselsdag på tirsdag, og jeg har købt et kassettebånd med nogle sange af Schubert til hende. Da jeg ville pakke det ind, så jeg, at jeg hverken havde gavepapir eller et pænt kort. Og ...

L: Ved du hvad, Jane, du har virkelig haft en skidt dag! Vil du ikke med i biografen i aften? Der er lige kommet et nyt program. Der er en vældig god film „Isfugle", den vil jeg meget gerne se.
Og på lørdag kan vi gå hen på museet og se den nye udstilling med Skagensmalerne. Den skal være pragtfuld.

J: Ja, det er en god idé. Jeg kommer og henter dig om en halv time! Det har virkelig været hyggeligt at snakke med dig, – jeg føler, jeg allerede har det bedre. Hvordan er din dag for resten gået?

L: Åh, – jeg har jo bare været på arbejde hele dagen! Vi ses!

2

Snak med de andre i gruppen:

– Hvad fortæller Jane om sin dag?
– Hvad fortæller Lone om sin dag?
– Mon Lone også har haft en dum dag?
– Har Jane virkelig haft en dag fuld af problemer?
– De to kvinder er meget forskellige. Hvordan?

Fortæl om en dum dag, du har haft.
Har du en hund eller en kat? Fortæl!

3

Biografprogrammer

Se på biografprogrammerne.
Hvad vil du gerne se?
Hvornår har du tid?
Ring til en ven/veninde for at høre, om han/hun vil med.

Forklar:
– Hvad det er for en film?
– Hvor den går og hvad tid?
– Hvem der spiller med?

Aftal mødetid og -sted.

4

Må jeg få lov til at ...

Må jeg få lov til at låne Må jeg låne	et lommetørklæde? et håndklæde? ...			Ja, det må du gerne. Ja, gerne. Ja, selvfølgelig. ... Nej, det må du ikke. Jeg tror ikke, at ... ...
	din hårtørrer? dit ur? ...	Min Mit	er i stykker. virker ikke.	
Må jeg få lov til at Må jeg	tage din cykel? ryge her? ...			

5

I generelt	De bor altid i sommerhus	om sommeren.
	Hun kan aldrig sove	om natten.
	Jeg går altid til dansk	om tirsdagen.
II tidsplan	Vi går op i Rundetårn	om morgenen.
	Vi er på Nationalmuseet	om eftermiddagen.
	Vi går i Tivoli	om aftenen.
III futurum	Vi skal til København	på fredag.
	Lad os besøge mor	på søndag.
	Toget går	om 2 timer.
	Jeg får ferie	om 3 uger.
	Der er meget arbejde	i dag.
	Jeg skal skrive regninger	i formiddag.
	Lad os drikke te sammen	i eftermiddag.
	Vi går til koncert	i aften.
	Det fryser måske	i nat.
	Han kommer nok	i morgen.
IV imperfektum	Vi besøgte mine forældre	i går.
	Han arbejdede i haven	i går formiddags.
	Hun reparerede vognen	i går eftermiddags.
	De så fjernsyn	i (går) aftes.
	Jeg blev vækket kl. 5	i morges.
	Jeg snakkede med min chef	i formiddags.
	Vi boede i Århus	for tre år siden.
	Hun kom hjem	for to timer siden.
V periode	Jeg har ferie	i 3 uger.
	Vi var i Hirtshals	i 14 dage.
	Han snakkede i telefon	i 40 minutter.

6

Spørg din nabo eller andre i gruppen om deres uddannelse, arbejde, ferie ...
Begynd altid med

– Hvornår ______________________________

– Hvor længe ______________________________

– Hvor ofte/Hvor tit ______________________________

Lektion 29

1

Et brev fra Rita til Birthe

Kære Birthe!

Vi er meget kede af det, – men vi kan desværre ikke komme næste weekend. Både Herbert og Ute har influenza, og vi andre er forkølede. Jeg håber, at vi kan ses en anden gang, vi tænkte på enten den 13.–15. eller den 27.–29. april.

Har I for resten hørt, at min bror er begyndt at læse dansk på Hamborg universitet?

Jeg hørte i radioen, at I skal have valg næste uge. Det bliver spændende at se, hvem der bliver valgt. Måske får I en ny regering. Vi har også snart valg her i landet. Det er godt at se, at alle de politiske partier nu har taget miljøproblemer som f. eks. forurening op. I en industristat som Tyskland er det meget nødvendigt. Men forurening er jo et problem, man har i hele verden, så måske er det kun muligt at løse det internationalt.

Du kan for resten hjælpe mig med noget. I et dansk ugeblad så jeg et læserbrev om en familiehøjskole. Jeg ved ikke rigtig, hvad det er. Jeg sender læserbrevet med, så kan du måske forklare det.

Mange kærlige hilsener til jer alle!
Jeg håber, at vi ses i april!

Rita

2

Spørg din nabo:

– Hvorfor kan familien Müller ikke besøge familien Andersen?
– Hvornår vil de nu komme?
– Hvad laver Ritas bror?
– Hvad sker der i Danmark i næste uge?
– Hvad har de politiske partier taget op?
– Hvad mener Rita om det?
– Hvad kan Birthe hjælpe Rita med?

3

Snak i gruppen:

– Hvornår skal der næste gang være valg i dit land?
– Kender I nogle danske partier?
– Find eksempler på forurening.
– Hvilke andre problemer tager de forskellige politiske partier op i dit land?

4

Lene har **både** hus **og** sommerhus.
Hanne har **hverken** hus **eller** sommerhus.
Vi kommer **enten** i dag **eller** på lørdag.

5

Læserbrevet, som Rita sender til Birthe

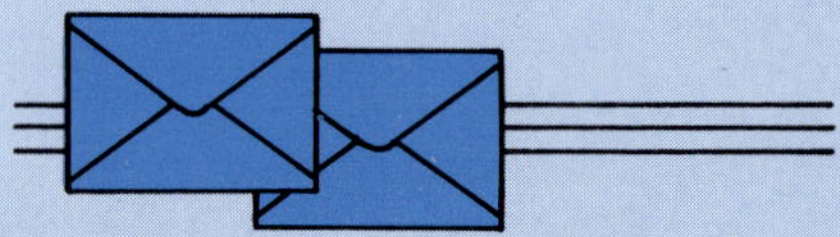

NY INSPIRATION

I efteråret 79 læste jeg en artikel i ALT for damerne om en familiehøjskole. Artiklen var så inspirerende, at min søn på 14 og jeg besluttede at gøre forsøget i sommeren 80. Vi valgte ud fra Folkehøjskolernes program en uges ophold på Uldum Højskole, og det kom vi bestemt ikke til at fortryde. Der skete noget fra 8 morgen til 22 aften. Vi var ca. 50 børn og 50 voksne. Børnene havde det meget fint, fordi der var arrangeret så mange spændende ting for dem. Også for os voksne var det en god uge, hvor veloplagte lærere holdt os i ånde med mange interessante foredrag, diskussioner, motion, folkedans. Det er oven i købet en billig ferieform, 1450 kr. for os to i en uge. Vi skal på familiehøjskole igen til sommer og denne gang i 14 dage!

H.S.

6

Kære Rita!

Tak for dit brev. Du er vel nok god til at tale og
skrive dansk nu, Rita! Vi blev meget skuffede over, at I ikke
kunne komme og håber, at I har det bedre nu. Det ville passe
udmærket, hvis I kunne komme 13.-15. april.

Det er lidt svært at forklare, hvad danske folkehøjskoler
er, fordi der ikke er to, der er ens. Der er ca. 100 højskoler i
Danmark med kurser, der kan vare fra 1 uge og helt op til
40 uger. Man bor og spiser på skolen og skal være over 17½ år.
På de fleste skoler har man højskolefag som dansk, littera-
tur og historie, men der er også fag som miljö, energi,
ökonomi o.s.v. Du kan f. eks. lære om forskellige demokra-
tier eller om, hvorfor levestandarden er så höj i industri-
landene, mens u-landene bliver mere og mere fattige.

Jeg tror, det er bedst, at jeg sender dig nogle
annoncer fra höjskoler, så kan du selv se på deres pro-
grammer. Det er også vigtigt at vide, at höjskolerne er
frie skoler, og at der ikke er nogen eksamen.

Indtil nu har hverken Hans eller jeg været på
höjskole. Jeg kunne godt tænke mig at komme på en fami-
liehöjskole som den i læserbrevet. Her kan man tage hen
med hele familien.

Hav det nu godt, til vi ses! Hvis vi ikke hører
fra jer, regner vi med, at I kommer. Vi glæder os til
at se jer!

Kærlig hilsen
Birthe

7

– Se på annoncerne.
– Måske forstår du ikke alt. Snak med de andre i gruppen om, hvad det kan hedde. Tag en ordbog, hvis I ikke kan finde ud af det.
– Hvilken højskole kunne du tænke dig at komme på? Forklar de andre hvorfor.

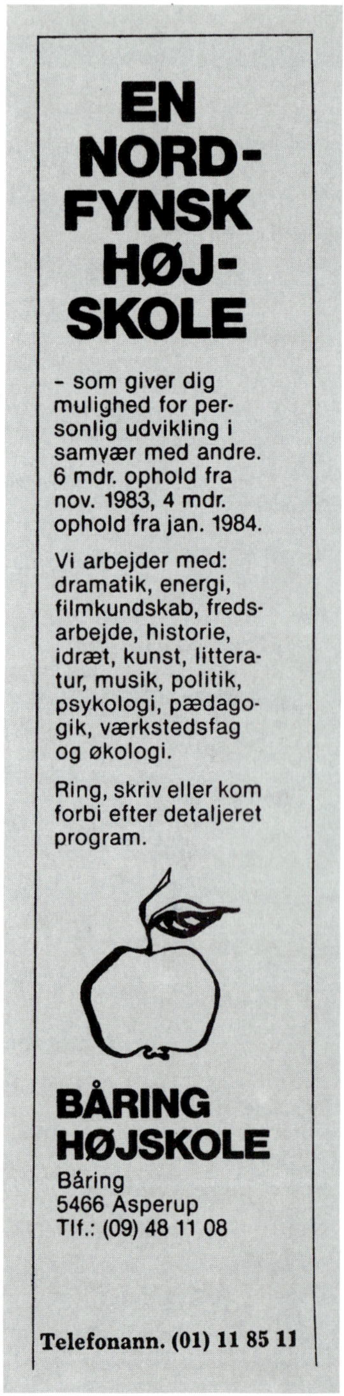

På gensyn i Danmark!

Ordliste

Die kursiv gesetzten Wörter gehören nicht zum Lernwortschatz des „Grundbaustein Dänisch“. Wörter, die mit -0 aufgeführt sind, haben keine Mehrzahlendung.

Lektion 1

1

god aften	guten Abend
god	gut
aften, -en, -er	Abend
jeg hedder	ich heiße
jeg	ich
hedde	heißen
fortæl om dig selv	erzähle über dich selbst

2

hvad	was
du	du
spørg	frag/fragen Sie
undskyld	Verzeihung

3

mit navn er ...	mein Name ist ...
mit	mein
navn, -et, -e	Name

4

god morgen	guten Morgen
morgen, -en, -er	Morgen
goddag	guten Tag
dag, -en, -e	Tag
dav(s)	} informelle
hej	} Begrüßungsformen

5

jeg kommer fra ...	ich komme aus/von
komme	kommen
fra	aus, von
også	auch

6

jeg er	ich bin
se på billedet	sieh dir das Bild an
hvor	wo
hun	sie
han	er
i gruppen	in der Gruppe
gruppe, -n, -r	Gruppe
København	Kopenhagen
Danmark	Dänemark
Tyskland	Deutschland
Østrig	Österreich

7

spørg din nabo	frag deinen Nachbarn
nabo, -en, -er	Nachbar

8

det er ...	das ist ...
det	das, es

9

camping	Camping
campingplads	Campingplatz
plads, -en, -er	Platz
på	auf
en	ein
tale	sprechen
vel nok	(verstärkender Ausdruck) hier: aber
dansk	dänisch
tak	danke
og	und
i	in
der	da, dort
De	Sie (Anrede)

11

virkelig	wirklich

12

vi	wir
I	Ihr
de	sie

13

farvel	auf Wiedersehen
tak for i aften!	„danke für heute abend“ (Redewendung)
i aften	heute abend
selv tak!	„selbst danke“ (Erwiderung auf „tak for ...“)
selv	selbst

Lektion 2

1

hvordan har du det?	„wie hast du es?“ – entspricht: wie geht es dir?
hvordan	wie
jeg har	ich habe
have	haben
jo	Bejahung nach einer Frage mit ikke oder einem Satz mit Verneinung (ikke)
fint	hier: ausgezeichnet
godt	gut

2

hallo	hallo
ja	ja
det er mig	„ich bin es“, hier: am Apparat
ikke	nicht
særlig	besonders

3

ikke så godt	nicht so gut

4

hr.	Anredeform für Herr
efternavn, -et, -e	Nachname
fornavn, -et, -e	Vorname
nåh	(Ausruf) hier: ach so

5

hvad hedder du til efternavn?	wie ist Dein Nachname?
fru	Anredeform für Frau
frk. (Abk. für „frøken“)	Anredeform für Fräulein

7

det her	das hier = dies
her	hier
telefonnummer	Telefonnummer
telefon, -en, -er (Abk.: tlf.)	Telefon
nummer, -et, numre (Abk.: nr.)	Nummer
hjælp din nabo	hilf deinem Nachbarn
f.eks. (Abk. für „for eksempel“, auch: fx)	zum Beispiel
sig	sag/sagen Sie
tryk	drücke/drücken Sie

8

bankospil	Zahlenlotterie
skriv	schreibe/schreiben Sie
tal, -let, -0	Zahl
se i *øvebogen*	siehe ins Arbeitsbuch

9

plus	plus
minus	minus

10

bo	wohnen
gade, -n, -r	Straße
vej, -en, -e	Weg

11

by, -en, -er	Stadt
landsby, -en, -er	Dorf

på landet	auf dem Lande
land, -et, -e	Land
lejlighed, -en, -er	Wohnung
hus, -et, -e	Haus
et	ein
gård, -en, -e	Hof
værelse, -t, -r	Zimmer
det gør jeg	das tu ich
gøre	tun, machen

13

kende	kennen
den gade	(demonstrativ) die Straße
stor	groß
ø, -en, -er	Insel
tak for denne gang!	„danke für dieses Mal" (Redewendung)
for	für

14

hotel, -let, -ler	Hotel
reception, -en, -er	Rezeption
receptionschef, -en, -er	Empfangschef
adresse, -n, -r	Anschrift
nøgle, -n, -r	Schlüssel

Lektion 3

1

tak for sidst!	„danke für das letzte Mal" (Redewendung)

2

osv. (Abk. f. „og så videre")	usw.

3

år, -et, -0	Jahr
hvor gammel	wie alt
din/dit/dine	dein/deine
mand, -en, mænd	(Ehe-)Mann
kone, -n, -r	(Ehe-)Frau
ven, -nen, -ner	Freund
veninde, -n, -r	Freundin

4

brev, -et, -e	Brief
familie, -n, -r	Familie
kære	liebe/lieber (Anredeform in Briefen)
på fire	von vier (Personen)
vores (to) sønner	unsere (zwei) Söhne
men	aber
bondegård	Bauernhof
lille	klein
håbe	hoffen
at	daß
skrive	schreiben
fortælle	erzählen
om jer	über euch
om	über
jer	euch
med venlig hilsen	mit freundlichem Gruß (Grußform im Brief)
med	mit
venlig	freundlich
hilsen, -en, -er	Gruß

5

telefontavle	Telefontafel
vil *notere*	will notieren
områdenummer (Abk.: omr.nr.)	Gebietsnummer, Vorwahl

6

stue, -n, -r	Stube, Wohnzimmer
soveværelse, -t, -r	Schlafzimmer
køkken, -et, -er	Küche
badeværelse, -t, -r	Badezimmer
toilet, -tet, -ter	Toilette
entré, entreen, -er	Flur
væg, -gen, -ge	Wand
gulv, -et, -e	Fußboden
vindue, -t, -r	Fenster
dør, -en, -e	Tür
trappe, -n, -r	Treppe

7

min/mit/mine	mein/meine
altan, -en, -er	Balkon
terrasse, -n, -r	Terrasse
garage, -n, -r	Garage
kælder, -en, kældre	Keller
have, -n, -r	Garten
det har jeg	das habe ich
m^2, kvadratmeter	Quadratmeter
den er på 80 m^2	etwa: sie ist 80 m^2 groß

9

har lejet	haben gemietet
sommerhus, -et, -e	Ferienhaus
hos Dem	bei Ihnen
hos	bei
velkommen	willkommen
det er nok bedst	es ist wohl am besten
nok	wohl
bedst	am besten
med Dem	mit Ihnen
køre til	hinfahren
køre	fahren
nu	nun, jetzt
til børnene	für die Kinder
komme til	kommen zu/zum
alt er i orden	alles ist in Ordnung
værsgo!	bitte
god ferie!	„gute Ferien" – entspricht: ich wünsche dir einen angenehmen Urlaub
ferie, -n, -r	Ferien, Urlaub

Lektion 4

1

tro	glauben
åh	ach (Ausruf)
måske	vielleicht
det tror jeg også	das glaube ich auch
nej	nein

2

årstal, -let, -0	Jahreszahl

3

bil, -en, -er	Auto
pris, -en, -er	Preis
annonce, -n, -r	Annonce, Anzeige
avis, -en, -er	Zeitung
hvor mange	wieviel(e)
mange	viel(e)
km, kilometer	km, Kilometer
hvor mange km har den kørt?	wie viele Kilometer ist es gefahren?
koste	kosten
krone, -n, -r (Abk.: kr.)	Krone/kr. (dän. Währungseinheit)
sige	sagen
der er	da ist
prøv at sælge din bil til din nabo	versuche, deinem Nachbarn dein Auto zu verkaufen
prøve	versuchen
sælge	verkaufen

4

møbler	Möbel
ting, -en, -0	Ding
fjernsyn, -et, -0	Fernseher
bord, -et, -e	Tisch
sofabord, -et, -e	Couchtisch
radio, -en, -er	Radio
reol, -en, -er	Regal
tæppe, -t, -r	Teppich
skrivebord, -et, -e	Schreibtisch
lampe, -n, -r	Lampe
stol, -en, -e	Stuhl
billede, -t, -r	Bild
skab, -et, -e	Schrank
seng, -en, -e	Bett
sofa, -en, -er	Sofa
du får et nyt værelse	du bekommst ein neues Zimmer
få	bekommen

hvad skal du bruge?	was benötigst du?
bruge	brauchen, benötigen

6

hvilken/hvilket/hvilke	welcher, welche, welches
hvilken stol kan du bedst lide?	welchen Stuhl magst du am liebsten?
kunne, jeg kan	können, ich kann
lide	mögen, leiden mögen
god(t), bedre, bedst	gut, besser, am besten
slet ikke	überhaupt nicht
ikke nogen af dem	keinen davon

7

på indkøb	beim Einkauf
ekspedient, -en, -er	Verkäufer
forretning, -en, -er	Geschäft
købe	kaufen
kan jeg hjælpe Dem?	kann ich Ihnen helfen?
hjælpe	helfen
vi vil gerne se på ...	wir möchten gern einen ... ansehen
se, se på	sehen, ansehen
vil	wollen, möchten
gerne	gern
spisebord	Eßtisch
nogle	einige
det her	dies
dyr	teuer
for dyrt	zu teuer
billig, billigere	billig, billiger
hvad med	wie ist es mit
kun	nur
hvad synes du?	was meinst/findest du?
dejlig(t)	schön
den/det tager vi	den/das nehmen wir
tage	nehmen
betale	bezahlen
check, -en, -s	Scheck
det må De gerne	das können/dürfen Sie gern
henne	dort hinten
ved	an, bei
kasse, -n, -r	Kasse

8

vi tager dem	wir nehmen sie

9

man	man
den her, *denne*	dieser, diese, dies(es)
det her, *dette*	
de her, *disse*	

Lektion 5

1

mor, -en, mødre	Mutter
far, -en, fædre	Vater
forældre	Eltern
barn, -et, børn	Kind
datter, -en, døtre	Tochter
søn, -nen, -ner	Sohn
søster, -en, søstre	Schwester
bror, -en, brødre	Bruder
barnebarn, -et, børnebørn	Enkel

2

ikke nogen/noget	kein(e), nichts
gift	verheiratet
pige, -n, -r	Mädchen
dreng, -en, -e	Junge

3

gåde, -n, -r	Rätsel
søskende	Geschwister
tysk	deutsch

5

november	November
jeres	euer
desværre	leider
tid til at skrive	Zeit zum Schreiben
at	zu (Zusatz zum Infinitiv)

tid, -en, -er	Zeit
i dag	heute
købe ind	einkaufen
familiefest	Familienfest
fest, -en, -er	Fest
hans far	sein Vater
blive	werden
menneske, -t, -r	Mensch
hele familien	die ganze Familie
alle naboerne	alle Nachbarn
alle	alle
bekendt, en, -e	Bekannte(r)
person, -en, -er	Person
farfar, -en	Großvater (Vaters Vater)
glæde sig (til)	sich freuen (auf)
mest	am meisten
sine børnebørn	seine Enkelkinder
der er ...	da ist, es gibt
meget	viel
arbejde, -t, -r	Arbeit
før	vor
mere	mehr
jeg skal til frisøren	ich muß zum Friseur
frisør, -en, -er	Friseur

6

rigtig(t)	richtig
eller	oder
forkert	falsch

7

voksen, en, voksne	Erwachsene(r)
kvinde, -n, -r	Frau

8

havefest, -en, -er	Gartenfest
til havefest	auf einem Gartenfest
øv med	übe/üben Sie mit

9

kort, -et, -0	Karte
hjertelig til lykke	herzlichen Glückwunsch
hjertelig	herzlich
fødselsdag, -en, -e	Geburtstag
De vil huske længe	an den Sie sich lange erinnern werden

10

godnat!	gute Nacht
nat, -ten, nætter	Nacht
tak i lige måde!	danke gleichfalls

Lektion 6

1

klasseværelse, -t, -r	Klassenzimmer
hvad hedder det på dansk?	wie heißt das auf dänisch?
vil du være sød at ...	würdest du so nett sein ...
det forstod jeg ikke	das habe ich nicht verstanden
forstå	verstehen
vil du ikke tale lidt langsommere?	würdest du (nicht) etwas langsamer sprechen?
langsom	langsam
lidt	etwas
det skal jeg nok	das werde ich tun
hvad behager?	wie bitte?
vil du lige gentage det?	würdest du das bitte wiederholen?
gentage	wiederholen
kuglepen, -nen, -ne	Kugelschreiber
taske, -n, -r	Tasche
bog, -en, bøger	Buch
frimærke, -t, -r	Briefmarke
briller	Brille
cigaret, -ten, -ter	Zigarette
lighter, -en, -e	Feuerzeug
tændstik, -ken, -ker	Streichholz

2

har fundet	hat gefunden

om	ob
pakke, -n, -r	Packung, Paket
deres	ihr
heller ikke	auch nicht
hvem	wer
eje	gehören
andre	andere

4

må jeg låne ...?	darf/kann ich (mal) ... leihen?
låne	leihen
selvfølgelig	selbstverständlich
tak for lån!	danke fürs Leihen

5

Deres	Ihr
hans	sein
hendes	ihr
vores	unser
jeres	euer
deres	ihr
dens/dets	dessen

6

leg, -en, -e	Spiel

7

bank, -en, -er	Bank
veksle	wechseln
nogle tyske penge	etwas deutsches Geld
penge	Geld
spørge	fragen
vil De/du være så venlig at ...	würden Sie/würdest du so freundlich sein ...
De får pengene	Sie bekommen das Geld

8

østrigsk	österreichisch
schilling, -en, -0	Währungseinheit
schweizisk	schweizerisch
franc, -en, -0	Währungseinheit

9

dame, -n, -r	Dame
tekst, -en, -er	Text
ih	etwa: oh, ach (Ausruf)
hvad synes du?	was meinst du?
hvor er den god/dum!	wie ist der (Witz) gut/blöd!
dum	dumm, hier: blöd
det har du ret i	da hast du recht
mene	meinen, finden

10

hvornår	wann
januar	Januar
februar	Februar
marts	März
april	April
maj	Mai
juni	Juni
juli	Juli
august	August
september	September
oktober	Oktober
december	Dezember

11

tak skal du have!	(Verstärkung v. „tak“) etwa: recht vielen Dank

Lektion 7

1

hvad er klokken?	wieviel Uhr ist es?
klokken er ...	es ist ... Uhr
halv	halb
kvart over	Viertel nach
kvart i	Viertel vor
minut, -tet, -ter	Minute

3

kan du sige mig	kannst du mir sagen

4

butikstider	Ladenzeiten
butik, -ken, -ker	Laden
mandag	Montag
tirsdag	Dienstag
onsdag	Mittwoch
torsdag	Donnerstag
fredag	Freitag
lørdag	Sonnabend
søndag	Sonntag
åbne	öffnen
lukke	schließen
om tirsdagen	dienstags
åben(t)	geöffnet
lukket	geschlossen
bager, -en, -e	Bäcker

5

ringe til	anrufen
håndværker, -en, -e	Handwerker
på tirsdag	am (kommenden) Dienstag

6

samtale, -n, -r	Gespräch
har du det godt?	geht es dir gut?
hvor er det dejligt	wie schön/toll das ist
hvad tid	zu welcher Zeit
bus, -sen, -ser	Bus
ca., cirka	zirka
hente	abholen, holen
dig	dich

7

tog, -et, -0	Zug, Bahn
fly, -et, -0 (Abk. f. „flyvemaskine“)	Flugzeug
maskine, -n, -r	Maschine
lufthavn, -en, -e	Flughafen
båd, -en, -e	Boot, Schiff
færge, -n, -r	Fähre

9

rejsebureau, -et, -er	Reisebüro
lige et øjeblik	einen kleinen Augenblick
øjeblik, -ket, -ke	Augenblick
om morgenen	morgens
fra ... til ...	von ... bis ...
der kører	es fährt
rutebil, -en, -er	Bus

10

køreplan, -en, -er	Fahrplan
helligdag, -en, -e	Feiertag

11

måned, -en, -er	Monat
uge, -n, -r	Woche
time, -n, -r	Stunde
sekund, -et, -er	Sekunde
weekend, -en, -er	Wochenende

12

flytte	umziehen
tænke	denken
svare	antworten

Lektion 8

1

højhus, -et, -e	Hochhaus
første	erster
anden	zweiter
tredie	dritter
fjerde	vierter
femte	fünfter
i stuen	Parterre
på ... sal	im ... Stock

3

født	geboren

4

travl	vielbeschäftigt
forretningsmand, -en, -mænd	Geschäftsmann
rejse	reisen
kalender, -en, -e	Kalender
vil vide	möchte/will wissen
hjemme	zu Hause

5

dato, -en, -er	Datum

6

for at	um zu
invitere	einladen
til middag	zum Essen
hvor er det pænt af dig	das ist aber nett von dir
pæn(t)	nett
altid	immer
forretningsrejse	Geschäftsreise
rejse, -n, -r	Reise
ofte	oft
ellers	sonst
sådan	so
ved syv-tiden	gegen sieben Uhr
lad mig	laß mich
kigge	gucken, sehen
det er en skam	das ist schade
så	dann
sen(t)	spät
næste	nächste(r)
træt	müde
efter	nach
må, måtte	müssen, dürfen
finde	finden
anden/andet/andre	anderer, andere(s)
videre	weiter

7

flyv til syden	fliegen Sie/fliege in den Süden
flyve	fliegen
til	nach
flyrejse	Flugreise
hen	hin
hvor længe	wie lange
længe	lange
blive	bleiben, auch: werden
væk	weg

9

ind	hinein
snakke	reden, sprechen
begge	beide

10

god rejse	gute Reise
god tur	gute Fahrt
tur, -en, -e	Fahrt, Ausfahrt, Wanderung

Lektion 9

1

hvor langt	wie weit
lang	weit, lang
der er	es sind

3

strand, -en, -e	Strand
til leje	zu vermieten
enkelt(e)	einzeln(e)
udsigt, -en, -er	Aussicht
over havet	über das Meer
over	über
hav, -et, -e	Meer
soveplads	Schlafplatz
tekniske hjælpemidler	technische Hilfsmittel
per, pr.	pro
i tiden	in der Zeit
ny(t)	neu
kvm.	m^2
overdækket	überdacht
el-komfur, -et, -er	Elektroherd

gas, -sen	Gas
køleskab, -et, -e	Kühlschrank
fryser, -en	Gefrierschrank
bruser, -en	Dusche
varm(t)	warm
kold(t)	kalt
vand, -et	Wasser
TV	Fernseher
m, meter, -en, -0	Meter
cm, centimeter, -en, -0	Zentimeter
leje	mieten
hvorfor	warum, weshalb
fordi	weil

6

endnu	noch
udlejet	vermietet
i den tid	in der Zeit
kan De sende mig ...?	können Sie mir ... schicken?
sende	senden, schicken
plan, -en, -er	Plan
den nærmeste købmand	der nächste Kaufmann
købmand, -en, -mænd	Kaufmann
restaurant, -en, -er	Restaurant

7

ledig(t)	frei
så	so daß
lejekontrakt, -en, -er	Mietvertrag
tilbage	zurück
inden	vor, bevor
hvis	falls, wenn

8

turistinformation, -en, -er	Fremdenverkehrsbüro
Nordjylland	Nordjütland
ligge	liegen
lige ved vandet	genau am Wasser
lige	genau
i nærheden af	in der Nähe von
til sidst	zum Schluß
o. k.	okay
det lyder meget godt	das hört sich gut an
må jeg be' om ...	darf ich um ... bitten
bede (be')	bitten

10

hav det godt!	„hab' es gut"
kom godt hjem!	komm gut nach Hause
hjem	nach Hause

Lektion 10

1

morgenmad, -en	Frühstück
mad, -en	Essen
frokost, -en, -er	mittägliche Mahlzeit
middagsmad, middag	warmes Essen
spise	essen
formiddagskaffe	Kaffee am Vormittag
kaffe, -n	Kaffee
formiddag, -en, -e	Vormittag
smørrebrød, -et	Butterbrot, belegtes Brot
eftermiddagskaffe	Nachmittagskaffee
eftermiddag, -en, -e	Nachmittag
te, -en	Tee
aftenkaffe, -n	Abendkaffee
drikke	trinken
aftensmad, -en	Abendessen

2

normal	normal
sove	schlafen
vågne	aufwachen
stå op	aufstehen
tage bad	ein Bad nehmen
bad, -et, -e	Bad
vaske sig	sich waschen
lave kaffe	Kaffee kochen
lave	tun, machen
være på arbejde	zur Arbeit sein

lave mad	Essen kochen
slappe af	entspannen
læse	lesen
se fjernsyn	fernsehen
gå i seng	ins Bett gehen
gå	gehen

3

tage brusebad	duschen
tage af sted	fortgehen, losfahren
cykle	radfahren
skolebus, -sen, -ser	Schulbus
skole, -n, -r	Schule
revisor, -en, -er	Steuerberater
sy	nähen
hjælpe hinanden	einander helfen
hinanden	einander
gå ind	hineingehen
kontor, -et, -er	Büro, Kontor
bagefter	hinterher
lege	spielen
læse lektier	Hausaufgaben machen
høre	hören
snakke sammen	zusammen/miteinander reden

4

vaske mig	mich waschen
vaske dig	dich waschen
vaske sig	sich waschen
vaske os	uns waschen
vaske jer	euch waschen

6

hvad laver ...	was macht ...
spille *guitar*	Gitarre spielen
spille fodbold	Fußball spielen
danse	tanzen

8

gøre rent	saubermachen, putzen
ren(t)	sauber
vaske (tøj)	waschen
tøj, -et	Kleidung, Zeug
vaske op	abwaschen
købe ind	einkaufen
rydde op	aufräumen

9

tit	oft
somme tider	mitunter
igen	wieder
vækkeur, -et, -e	Wecker

10

hils din mand	grüße deinen Mann
hilse	grüßen
det skal jeg nok	das werde ich tun

Lektion 11

1

have gæster	Besuch haben
gæst, -en, -er	Gast, Besuch
gå ud, gik, gået	ausgehen
gå (en) tur	spazierengehen
biograf, -en, -er	Kino
teater, -tret, -tre	Theater
hygge sig, -ede, -et	es sich gemütlich machen
ugeblad, -et, -e	Zeitschrift, Illustrierte
læse tysk	Deutsch lernen (als Hausaufgabe)
lære, -te, -t	lernen
besøge, -te, -t	besuchen
tennis, -(s)en	Tennis

2

i mandags	letzten Montag
sidste mandag	letzten Montag
i går	gestern
i (går) aftes	gestern abend
i forgårs	vorgestern
i morges	heute morgen

5

allesammen	alle, alle zusammen
efterår, -et, -0	Herbst
som	welcher, der
sidste år	letztes Jahr
sammen	zusammen, miteinander
Vesterhavet	Nordsee
mellem	zwischen
langt væk	weit weg
elske, -ede, -et	lieben
ikke så langt	nicht so weit
skøn(t)	schön
klit, -ten, -ter	Düne
samle, -ede, -et	sammeln
træ	Holz
brændeovn, -en, -e	Ofen
vejr, -et	Wetter
spille kort, -ede, -et	Karten spielen
kort, -et, -0	Karte
maleri, -et, -er	Malerei
museum, museet, museer	Museum
støde sammen	zusammenstoßen
ta'-selv-bord	Buffet
mormor	Großmutter (Mutters Mutter)
morfar	Großvater (Mutters Vater)
kærlig	lieb

7

bestemt	bestimmt
det kommer an på så meget	es kommt darauf an

8

jeg er lige ved at ...	ich bin gerade dabei ...
lige	gerade
kop, -pen, -per	Tasse

9

parat	fertig
fisk, -en, -0	Fisch

Lektion 12

1

cafeteria, cafeteriet, -rier	Cafeteria
røde pølser	rote Würstchen
rød	rot
pølse, -n, -r	Würstchen, Wurst
pommes frites	Pommes frites
vand, -et	Wasser, hier: Sprudel, Mineralwasser
det bliver ...	das macht ...

2

hvad med dig?	wie ist es mit dir?
prisliste, -n, -r	Preisliste
hotdog, -gen, -s	Hot dog
ristede	hier: gebratene Würstchen
hotdogs m(ed) ristet	Hot dogs mit gerösteten Zwiebeln
kylling, -en, -er	Hähnchen
forårsrulle, -n, -r	Frühjahrsrolle
bøfsandwich, -en, -es	Hamburger
brød, -et, -0	Brot
chokolademælk	Kakao
chokolade, -n, -r	Schokolade
mælk, -en	Milch

3

halvanden	anderthalb
to-en-halv	zwei-ein-halb
en halv	ein halb(es)
øre, -r	Øre (dän. Währungseinheit)

5

tjener, -en, -e	Kellner, Ober

hvad skal det være?	was wünschen Sie?
øl, -let, -ler	Bier
glas, -set, -0	Glas
vin, -en	Wein
rødvin	Rotwein
hvidvin	Weißwein
flaske, -n, -r	Flasche
citronvand	Zitronensprudel
danskvand	Mineralwasser

6

kro, -en, -er	Gasthaus, Dorfkrug
sætte, satte, sat	setzen
optaget	besetzt, nicht frei
Hof	Carlsberg Pils
kan vi få	können wir bekommen
spisekort, -et, -0	Speisekarte
suppe, -n, -r	Suppe
dagens ret	Gericht des Tages
ribbensteg med rødkål	Schweinerippchen mit Rotkohl
brunede kartofler	Bratkartoffeln
brun	braun
medisterpølse	Bratwurst
grønne ærter	grüne Erbsen
grøn	grün
dansk bøf	dänisches Beefsteak
løg, -et, -0	Zwiebel
hvide kartofler	Salzkartoffeln
hvid	weiß
spejlæg	Spiegelei
fiskefilet	Fischfilet
grillkylling	gegrilltes Hähnchen
dessert, -en, -er	Nachtisch
bestemme sig, -te, -t	entscheiden
det er i orden	das ist in Ordnung
om fem minutter	in fünf Minuten
skål!	prost!
senere	später
en øl til	noch ein Bier
hellere	lieber
anbefale, -ede, -et	empfehlen
frisk	frisch
jordbær, -ret, -0	Erdbeere
fløde, -n	Sahne
forskellig	verschieden
slags, -en, -0	Art, Sorte
is, -en	Eis
velbekomme!	guten Appetit!
regning, -en, -er	Rechnung
det smagte vel nok godt	etwa: es hat wirklich gut geschmeckt
smage, -te, -t	schmecken
give, gav, givet	geben
drikkepenge	Trinkgeld
ikke nogen	kein(e)
aldrig	nie

7

bestille, -te, -t	bestellen
salt, -et	Salz
peber, -et	Pfeffer
kniv, -en, -e	Messer
ske, -en, -er	Löffel
gaffel, gaflen, -ler	Gabel
tallerken, -en, -er	Teller
ild, -en	Feuer
har du noget ild?	hast du Feuer?

8

bar, -en, -er	Bar

9

til hvornår	für wann
det klarer vi	das schaffen wir
klare, -ede, -et	schaffen
tak for det!	danke!

11

meget tørstig	sehr durstig
tørstig	durstig
aftenskole, -n, -r	Abendschule, Volkshochschule
værtshus, -et, -e	Wirtshaus, Kneipe
jeg kunne bedre tænke mig	ich möchte lieber

12

tage på ferie	in Urlaub gehen

Lektion 13

1

yoghurt, -en	Yoghurt
ost, -en, -e	Käse
cornflakes	Cornflakes
marmelade, -n, -r	Marmelade
frugt, -en, -er	Obst, Frucht
margarine, -n	Margarine
sukker, -et	Zucker
salat, -en, -er	Salat
kød, -et	Fleisch
oksekød	Rindfleisch
pålæg, -get	Aufschnitt
sild, -en, -0	Hering
smør, -ret	Butter
æg, -get, -0	Ei
wienerbrød	Blätterteigkuchen, „Kopenhagener“
kage, -n, -r	Kuchen
hver	jede/jeder/jeden
har skrevet op	hat aufgeschrieben
snakke om	darüber sprechen
grønthandler, -en, -e	Gemüsehändler
supermarked, -et, -er	Supermarkt
jeg ved	ich weiß
vide, vidste, vidst	wissen
brugsen	Genossenschaftsladen (wie Konsum)
på tilbud	im Angebot
grøntsager	Gemüse
osteforretning, -en, -er	Käsegeschäft
Danbo	dän. Käseart
slagter, -en, -e	Schlachter
må	müssen

2

liter, -en, -0	Liter
pund, -et, -0	Pfund
kilo, -et, -0	Kilo
gram, -met, -0	Gramm
mel, -et	Mehl
dåse, -n, -r	Dose
tomat, -en, -er	Tomate
æske, -n, -r	Schachtel
bæger, -et, bæg(e)re	Becher
en kvart	ein Viertel
stykke, -t, -r	Stück
sæbe, -n, -r	Seife

3

tom	leer
trække, trak, trukket	ziehen
ikke noget nummer	keine Nummer
hvad skulle det være?	was darf es sein?
oksesteg, -en, -e	Rinderbraten
hvor stor skal den være?	wie groß soll er sein?
jeg har nok	ich habe genug
var der mere?	sonst noch etwas?
var der ellers andet?	sonst noch etwas?
et lag rullepølse	eine „Lage“ (Portion) Rollwurst
leverpostej, -en	Leberpastete
lad mig se	laß mich/lassen Sie mich sehen
i alt	im ganzen, zusammen
pose, -n, -r	Tüte
glemme, -te, -t	vergessen

5

hvor meget	wieviel
pr. styk/stykket	per Stück, das Stück

6

idé, ideen, -er	Idee
den sidste aften på danskkurset	der letzte Abend des Dänischkurses
kursus, -et, kursus	Kursus

7

huske, -ede, -et	erinnern
tænke på	an etwas denken

8

blomst, -en, -er	Blume
det er jeg (meget) ked af	das tut mir (sehr) leid

9

jeg har været	ich bin gewesen
har du været ...?	bist du ... gewesen?
Sverige	Schweden
Norge	Norwegen
for ... siden	vor ...

11

siden	seit

12

god fornøjelse!	viel Vergnügen!

Lektion 14

1

sko, -en, -0	Schuh
støvle, -n, -r	Stiefel
jakke, -n, -r	Jacke, Jackett
et par bukser	Hosen
bukser	Hosen
et par	ein Paar
skjorte, -n, -r	Oberhemd
bluse, -n, -r	Bluse, leichter Pullover
sweater, -en, -e	dicker, gestrickter Pullover
trøje, -n, -r	Strickjacke, Pullover
frakke, -n, -r	Mantel
kjole, -n, -r	Kleid
nederdel, -en, -e	Rock
slips, -et, -0	Schlips
strømpe, -n, -r	Strumpf
regnfrakke, -n, -r	Regenmantel

2

have på	anhaben, tragen
lærer, -en, -e	Lehrer(in)

3

sommer, -en, somre	Sommer
vinter, -en, vintre	Winter
ski, -en, -0	Ski

4

farve, -n, -r	Farbe
farveblyant, -en, -er	Farbstift
male, -ede, -et	malen
gul	gelb
blå	blau
lyseblå	hellblau
lys	hell
mørkeblå	dunkelblau
mørk	dunkel
sort	schwarz
grå	grau
stribet	gestreift
prikket	gepunktet
ternet	kariert
blomstret	geblümt

5

beskrive, beskrev, beskrevet	beschreiben
finde ud af	herausfinden

6

små	klein (Plural v. „lille“)

7

lommetørklæde, -t, -r	Taschentuch

10

reklame, -n, -r	Reklame
grim	häßlich

11

hvor har du lagt ...?	wo hast du ... hingelegt?

lægge, lagde, lagt	legen, hinlegen

12

stof, -fet, -fer	Stoff
uld, -en	Wolle
bomuld, -en	Baumwolle

13

hvad kan jeg hjælpe dig med?	womit kann ich helfen?
størrelse, -n, -r	Größe
bruge, -te, -t	brauchen
prøve, -ede, -et	(an-)probieren
passe, -ede, -et	passen
lidt for stor	etwas zu groß

Lektion 15

1

jeg skal til dansk	ich will/muß zum Dänischkursus
skulle	wollen, müssen

2

tage til	fahren, hinfahren
de har tænkt sig	sie haben sich gedacht
derop	dahin, „da hoch"
ved du hvad?	weißt du was?
svoger, -en, svogre	Schwager
hvor er det ...	wie ist es ...
hvor er det sødt af dig	wie (ist es) lieb von dir
du må hellere	du mußt (wohl) lieber
se ud	aussehen
ligne, -ede, -et	gleichen, aussehen wie
hår, -et, -0	Haar
skæg, -get, -0	Bart
større end	größer als
end	als
tyk	dick
da	hier: doch
sød	süß, lieb, nett
lige så høj som	genauso groß wie
høj	groß, hoch
som	wie
smuk	schön, hübsch
kort	kurz
tynd	dünn
ankomme, ankom, ankommet	ankommen
pleje, -ede, -et	pflegen, etwas regelmäßig tun
alligevel	trotzdem
moderne	modern
hyggelig	gemütlich
reservere, -ede, -et	reservieren
først	zuerst
engang	einmal, irgendwann

3

tegne, -ede, -et	zeichnen

4

intelligent	intelligent

5

gammel, ældre, ældst	alt, älter, am ältesten
lidt, mindre, mindst	etwas, weniger, am wenigsten
lille, mindre, mindst	klein, kleiner, am kleinsten
flere, flest	mehrere, am meisten
dårlig, værre (dårligere), værst (dårligst)	schlecht, schlechter, am schlechtesten
få, færre, færrest	wenige, weniger, am wenigsten
længere, længst	länger, am längsten
større, størst	größer, am größten
ung, yngre, yngst	jung, jünger, am jüngsten

6

whisky, -en	Whisky
næsten	fast
snaps, -en	Schnaps
vodka, -en	Wodka
cognac, -en	Cognac

7

tag hellere	nimm lieber
interessant	interessant
hurtig	schnell
æble, -t, -r	Apfel
appelsinvand	Orangensprudel

8

benzin, -en	Benzin

9

tilfreds	zufrieden

10

Nordsjælland	Nordseeland
korrespondent, -en, -er	Korrespondent(in)
søge, -te, -t	suchen
ærlig	ehrlich
reel	reell
højere uddannet	mit höherer Ausbildung
under	unter
for fast parforhold	für eine feste Partnerbeziehung
evt. ægteskab	evtl. Ehe
andelslejlighed	Genossenschaftswohnung
hund, -en, -e	Hund
let buttet	leicht mollig
let	leicht
der	welche(r)
veje, -ede, -et	wiegen
slank	schlank
interesse, -n, -r	Interesse
natur, -en	Natur
elektronik, -ken	Elektronik
modelbane, -n, -r	Modellbahn
fyr, -en, -e	Mann, Typ
sur	sauer, mürrisch
intolerant	intolerant

11

synes du?	findest du?

Lektion 16

1

bygge, -ede, -et	bauen
grund, -en, -e	Grund, Grundstück

2

et af husene	eines von den Häusern
du skulle	du solltest
jeg ville	ich würde

3

receptionschef, -en, -er	Empfangschef
skal det være ...	soll es ... sein
enkeltværelse, -t, -r	Einzelzimmer
dobbeltværelse	Doppelzimmer
ved siden af	neben
med eller uden	mit oder ohne
uden	ohne
helst	am liebsten
gerne, hellere, helst	gern, lieber, am liebsten
der er De heldig	da haben Sie Glück
være heldig	Glück haben
navnet på	den Namen von

4

sæt kryds	kreuze/kreuzen Sie an
salon, -en, -er	Salon
elevator, -en, -er	Fahrstuhl
i centrum af	im Zentrum von
stille	still, ruhig
station, -en, -er	Station, Bahnhof
busstoppested	Bushaltestelle
stoppested, -et, -er	Haltestelle

5

antal, -let	Anzahl
afstand, -en, -e	Abstand

6

ankomst, -en, -er	Ankunft
bange (for)	Angst (vor)
komme for sent	zu spät kommen
kunne	konnte
sted, -et, -er	Stelle, Ort
parkere, -ede, -et	parken
parkeringsplads, -en, -er	Parkplatz
skynde sig, -te, -t	sich beeilen
ankomsthal, -len, -ler	Ankunftshalle
forsinket	verspätet
passager, -en, -er	Passagier
stå, stod, stået	stehen
vente, -ede, -et	warten
bagage, -n	Gepäck
nå, -ede, -et	erreichen, schaffen
da	als
bære, bar, båret	tragen
kuffert, -en, -er	Koffer
vogn, -en, -e	Wagen
midt i byen	mitten in der Stadt
midt	mitten
vise, -te, -t	zeigen
ikke helt	nicht ganz
støj, -en	Lärm
rolig	ruhig
trafik, -ken	Verkehr
ordne, -ede, -et	in Ordnung bringen
hård	hart
smal	schmal
hold op!	halt auf! hör auf!
holde, -t, -t	halten

7

blød	weich
bred	breit

11

forlade, forlod, forladt	verlassen
vi ses	wir sehen uns

Lektion 17

1

rejseleder, -en, -e	Reiseleiter
liste, -n, -r	Liste
råbe op	aufrufen
ingen	niemand, keiner
tung	schwer
vist	wohl

2

mig	mir, mich
dig	dir, dich
Dem	Ihnen, Sie
ham	ihm, ihn
hende	ihr, sie
os	uns
jer	euch

3

møde, -te, -t	treffen
cowboybukser	Jeans
Shu-Bi-Dua	populäre dän. Popgruppe
plade, -n, -r	(Schall-)Platte
tobak, -ken	Tabak
en masse	viele, eine Menge
krydderi, -et, -er	Gewürz

4

det gider jeg ikke	dazu habe ich keine Lust
gide, gad, gidet	Lust haben

5

under	unter
over	über
bag(ved)	hinter
foran	vor

6

hænge, hang, hængt	hängen

7

glad for	etwas gern haben, über etwas froh sein
glad	froh, fröhlich, heiter
han kunne godt tænke sig	er könnte sich gut vorstellen
holde ferie	Urlaub machen
tage på en tur	eine Tour machen
en tur Danmark rundt	Dänemark-Rundfahrt
seværdighed, -en, -er	Sehenswürdigkeit
nord for	nördlich
syd for	südlich
øst for	östlich
vest for	westlich

8

kig ind!	guckt herein! besucht uns!
når	wenn

Lektion 18

1

telt, -et, -e	Zelt
campingvogn, -en, -e	Wohnwagen

2

sidde, sad, siddet	sitzen
omkring	um
i år	dieses Jahr
stige, steg, steget	steigen
foreslå, foreslog, foreslået	vorschlagen
udland, -et, -e	Ausland
telttur, -en, -e	Zeltfahrt
ligesom spejderne	wie die Pfadfinder
spejder, -en, -e	Pfadfinder
alt for	viel zu
primitiv	primitiv
bade, -ede, -et	baden
tage på fisketur	auf Angeltour gehen, angeln
lav	niedrig
dyb	tief
svømme, -ede, -et	schwimmen
der er meget at lave	da ist viel zu tun
fordele, -te, -t	verteilen
færdig	fertig
grille, -ede, -et	grillen
brochure, -n, -r	Broschüre

3

forbinde, forbandt, forbundet	verbinden

6

sikkert	sicher
det kan godt være	das mag sein
det passer (ikke)	das stimmt (nicht)
blive enig om	sich einig werden
noget andet	etwas anderes

7

en gang om året	einmal im Jahr
gang, -en, -e	Mal
forår, -et, -0	Frühjahr

8

sten, -en, -0	Stein
sø, -en, -er	See
flod, -en, -er	Fluß
vigtig	wichtig
bakke, -n, -r	Hügel, Anhöhe
bjerg, -et, -e	Berg
landskab, -et, -er	Landschaft
skov, -en, -e	Wald
å, -en, -er	Bach, Fluß
mark, -en, -er	Feld
fugl, -en, -e	Vogel
træ, -et, -er	Baum
sejle, -ede, -et	segeln, auf dem Wasser fahren
det er lige meget	das ist egal
windsurfing	Surfen

Lektion 19

1

herre, -n, -r	Herr
allerede	schon, bereits
over til ...	hinüber nach ...
vare, -ede, -et	dauern
sejltur, -en, -e	hier: Fahrt
det tager en time	es dauert eine Stunde
afgang, -en, -e	Abfahrt
kort, -et, -0	(Land-)Karte

2

Møns Klint	Kreidefelsen auf Mön

3

park, -en, -er	Park
rådhus, -et, -e	Rathaus
posthus, -et, -e	Postamt
kirke, -n, -r	Kirche
sparekasse, -n, -r	Sparkasse
apotek, -et, -er	Apotheke
politistation, -en, -er	Polizeiwache
politi, -et	Polizei
kommunekontor, -et, -er	Gemeindeverwaltung
rutebilstation, -en, -er	Busbahnhof
bibliotek, -et, -er	Bücherei
sygehus, -et, -e	Krankenhaus
Mønshallen	Mehrzweckhalle auf Mön
svømmehal, -len, -ler	Schwimmhalle
havnekontor, -et, -er	Hafenamt, -büro
havn, -en, -e	Hafen
bro, -en, -er	Brücke
cykeludlejning, -en	Fahrradvermietung
benzintank, -en, -e	Tankstelle

4

til venstre	nach links
venstre	links
højre	rechts
(gå) ad ... gade	(gehe) die ... Straße entlang
lige ud	geradeaus
(gade-)kryds, -et, -0	(Straßen-)Kreuzung
ved lyskurven	an der Ampel
lys, -et, -0	Licht
forbi	vorbei
på venstre hånd	„linker Hand“, links
hånd, -en, hænder	Hand
på hjørnet (af)	an der Ecke (von)
hjørne, -et, -r	Ecke
over for, overfor	gegenüber

5

turist, -en, -er	Tourist
torv, -et, -e	Markt, Marktplatz

Lektion 20

1

sol, -en, -e	Sonne
skinne, -ede, -et	scheinen
fryse, frøs, frosset	frieren
regne, -ede, -et	regnen
regn, -en	Regen
blæse, -te, -t	wehen
vind, -en, -e	Wind
storm, -en, -e	Sturm
overskyet	bedeckt
sky, -en, -er	Wolke
himmel, himlen	Himmel
sne, -ede, -et	schneien
sne, -en	Schnee
tåget	neblig
tåge, -n	Nebel

4

solskin, -net	Sonnenschein
vår, -en	poetisch für Frühling
atter	wieder

nær	nah
svæve, -ede, -et	schweben
lutter	lauter, viele
minde, -t, -r	Erinnerung
i ring og rad	in Ringelreihen
imellem	zwischen
uden mage	ohnegleichen
kysse, -ede, -et	küssen
blad, -et, -e	Blatt
hver især	jedes einzeln

5

vejrmelding, -en, -er	Wetterbericht
vekslende	wechselnd
skydække	Wolkendecke
spredt	vereinzelt
haglbyge, -n, -r	Hagelschauer
temperatur, -en, -er	Temperatur
frysepunkt, -et, -er	Gefrierpunkt
dårligt vejr findes ikke	schlechtes Wetter gibt es nicht

6

sin/sit/sine	ihr, sein

7

tro på	an etwas glauben
hold, -et, -0	Mannschaft
chance, -n, -r	Chance

8

tågediset	neblig, diesig
skyfrit	wolkenlos

11

skulle vi ikke mødes	sollten wir uns nicht treffen
det har jeg (ikke) lyst til	dazu habe ich (keine) Lust
lyst, -en, -er	Lust

Lektion 21

1

I ønskes	„Euch wird gewünscht“, wir wünschen Euch
glædelig jul!	frohe Weihnachten!
jul, -en	Weihnachten
godt nytår!	ein gutes neues Jahr!
juleaften, -en, -er	Heiligabend
vældig	riesig, gewaltig
i julen	während/ in der Weihnachtszeit

2

mangle, -ede, -et	fehlen
mangler du ...	fehlt dir ...
nytårsforsæt, -tet, -ter	Neujahrsvorsatz
nytår, -et	Neujahr
i stedet for	anstatt
karbad, -et	Wannenbad
rindende varmt vand	fließend warmes Wasser
radiator, -en, -er	Heizkörper
termostatventil, -en, -er	Thermostat
sætte, satte, sat	setzen
sørge, -ede, -et for	sorgen für
tætne, -ede, -et	abdichten
elektricitet, -en	Elektrizität
sparemetode, -n, -r	Sparmethode
nødvendig	notwendig
i det hele taget	im ganzen, überhaupt
energi, -en, -er	Energie
udvalg, -et, -0	Ausschuß
ønske, -ede, -et	wünschen

4

netop!	genau!

5

ryge, røg, røget	rauchen

6

på forskellige måder	auf verschiedene Arten und Weisen
det er din tur	du bist an der Reihe

8

skilt, -et, -e	Schild
knallertkørsel	Mopedfahren
knallert, -en, -er	Moped
forbudt	verboten
betyde, betød, betydet	bedeuten
ride, red, redet	reiten
hold til højre/venstre	rechts/links fahren
side, -n, -r	Seite
adgang forbudt	Zutritt verboten
græsset må ikke betrædes	Betreten des Rasens verboten
rygning forbudt	Rauchen verboten
al gennemkørsel forbudt	Durchfahrt verboten
al færdsel på eget ansvar	jeglicher Verkehr auf eigene Verantwortung
fiskeri forbudt	Angeln verboten
pas på	Achtung, paß auf
hunden er løs	Vorsicht, bissiger Hund
dyrene må ikke fodres	Füttern der Tiere verboten
dyr, -et, -0	Tier
nødudgang	Notausgang
udgang, -en, -e	Ausgang
indgang, -en, -e	Eingang

Lektion 22

1

synge, sang, sunget	singen
instrument, -et, -er	Instrument
strikke, -ede, -et	stricken

2

fritid, -en	Freizeit
badminton	Badminton, Federball
fiske, -ede, -et	angeln, fischen
volleyball	Volleyball
gøre gymnastik	turnen
tennis	Tennis
bordtennis	Tischtennis
samle på ...	... sammeln
skak, -ken	Schach
løbe, løb, -et	laufen
ro, -ede, -et	rudern
håndbold, -en	Handball
fotografere, -ede, -et	fotografieren

3

interessere sig for	sich interessieren für
sport, -en	Sport
det er min hobby at ...	es ist mein Hobby ...
hobby, -en, -er oder hobbys	Hobby
medlem, -met, -mer	Mitglied
forening, -en, -er	Verein
hele sit liv	sein ganzes Leben
liv, -et, -0	Leben

4

pensioneret	pensioniert
pension, -en, -er	Pension, Rente

5

snart	bald
dog	jedoch
influenza, -en	Grippe
begynde, -te, -t	beginnen, anfangen
fotografiapparat, -et, -er	Fotoapparat
i julegave	als Weihnachtsgeschenk
gave, -n, -r	Geschenk
både ... og	sowohl ... als auch
fra landsbyerne her omkring	aus den Dörfern hier in der Gegend

morsom	lustig
musik, -ken	Musik
politik, -ken	Politik
foredrag, -et, -0	Vortrag
politisk	politisch
parti, -et, -er	Partei
folketing, -et	das dän. Parlament
diskutere, -ede, -et	diskutieren
påske, -n	Ostern

9

fred, -en	Friede

Lektion 23

1

ung, -e	Jugendliche(r)
Henne Strand	Badeort an der Westküste Jütlands
bare ... / gid ...	wenn doch ...
regnvejr, -et	Regenwetter

2

arbejdsløs	arbeitslos
krig, -en, -e	Krieg

3

taxa, -en, -er / taxi, -en, -0	Taxi
bygning, -en, -er	Gebäude
på højre side af ...	auf der rechten Seite von ...
kvarter, -et	Viertelstunde
kvittering, -en, -er	Quittung

4

Rådhuspladsen	Rathausplatz
chauffør, -en, -er	Chauffeur
direkte	direkt
skifte, -ede, -et	umsteigen, wechseln
linie, -n, -r	Linie
vil De sige til	würden Sie Bescheid sagen
stå på/af	zu-/aussteigen
anden gang, vi holder	das zweite Mal, wenn wir halten
hvert femte minut	alle fünf Minuten
situation, -en, -er	Situation

5

ud, ude	raus, draußen
op, oppe	hoch, oben
ned, nede	runter, unten
derovre, ovre	da drüben, drüben

6

hobbyrum, -met, -0	Hobbyraum

7

hovedbanegård, -en, -e	Hauptbahnhof
afgå, afgik, afgået	abfahren
ankomme, ankom, ankommet	ankommen
spor, -et, -0	Gleis
perron, -en, -er	Bahnsteig
billet, -ten, -ter	Fahrkarte, Eintrittskarte
returbillet (oder: dobbeltbillet)	Rückfahrkarte
pladsbillet	Platzkarte

8

sovevogn, -en, -e	Schlafwagen
liggevogn	Liegewagen

Lektion 24

1

fylde op, -te, -t	volltanken
selvbetjening, -en	Selbstbedienung
motor, -en, -er	Motor
i vejen	los, nicht in Ordnung
starte, -ede, -et	starten
tændrør, -et, -0	Zündkerze
sætte i, satte, sat	einsetzen
vognen er klar	der Wagen ist fertig
olie, -n	Öl
luft, -en	Luft
jeg er nødt til ...	ich muß ...
koncert, -en, -er	Konzert
for resten	übrigens

2

værksted, -et, -er	Werkstatt
oliefilter, -et, -filtre	Ölfilter
bilvask, -en	Autowäsche
lakkonservering, -en, -er	Lackkonservierung
olieskift, -et	Ölwechsel
moms	Mehrwertsteuer

3

cykel, cyklen, cykler	Fahrrad
motorcykel	Motorrad
undergrundsbane, -n, -r	U-Bahn
s-tog, -et, -0	S-Bahn

4

den/det bruger man til	man benutzt es für/zum
den/det er lavet af ...	es ist aus ...
plastic	Plastik
metal, -let, -ler	Metall

5

brevkasse, -n, -r	Briefkasten
officiel	offiziell
dansker, -en, -e	Däne
ekspedere, -ede, -et	verkaufen
angående	wegen
stilling, -en, -er	Stellung, Beschäftigung
annoncere, -ede, -et	annoncieren
interesseret	interessiert
ord, -et, -0	Wort
et ord må være smuttet	ein Wort muß falsch herausgerutscht sein
stemme, -n, -r	Stimme
i den anden ende af telefonen	am anderen Ende der Leitung
hvor han vil hen med det	worauf er hinauswill
statsborgerskab, -et	Staatsbürgerschaft
stolthed, -en	Stolz
grønlænder, -en, -e	Grönländer
i stedet for bare at svare	anstatt bloß zu antworten
racediskrimination, -en	Rassendiskriminierung
tavshed, -en	Schweigen
vinde, vandt, vundet	gewinnen
tvinge, tvang, tvunget	zwingen
selv om	obwohl
jeg er klar over	ich bin mir darüber im klaren
nem	leicht, einfach
slippe af med	loswerden
besat	besetzt
ægte	echt
forbitret	verbittert
hvad sker der	was geschieht
ske, -te, -t	geschehen, passieren
mon	ob
i samme retning	in der gleichen Richtung
samme	gleich
retning, -en, -er	Richtung
social	sozial
udlænding, -en, -e	Ausländer

6

englænder, -en, -e	Engländer
schweizer, -en, -e	Schweizer
østriger, -en, -e	Österreicher

tysker, -en, -e	Deutscher
nordmand, -en, -mænd	Norweger
franskmand, -en, -mænd	Franzose

7

skuffet	enttäuscht
det var kedeligt!	das ist aber schade!

Lektion 25

1

landmand, -en, -mænd	Landwirt
arbejdstid, -en, -er	Arbeitszeit
husmor, -en, -mødre	Hausfrau
deltidsarbejde, -t	Teilzeitarbeit
min egen gård	mein eigener Hof
nyde, nød, nydt	genießen
starte, -ede, -et	beginnen, anfangen
tidlig	früh
at være fælles om alt arbejde	die Arbeit gemeinsam erledigen
økonomisk	ökonomisch
temmelig (meget)	ziemlich (viel)
betale i skat	an Steuern zahlen
skat, -ten, -ter	Steuer
stat, -en, -er	Staat
tjene, -te, -t	verdienen
ekstra	extra
som	als
kontordame, -n, -r	Kontoristin
job, -bet, -s	Job
gå hjemme	nicht berufstätig
børnehave, -n, -r	Kindergarten
hjælpe til	mithelfen
føle (sig)	(sich) fühlen
ekspeditrice, -n, -r	Verkäuferin
fabriksarbejder, -en, -e	Fabrikarbeiter
fabrik, -ken, -ker	Fabrik
for det meste	meistens
stormagasin, -et, -er	Warenhaus
trist	traurig
uddannelse, -n, -r	Ausbildung
engelsk	englisch
søge en stilling	Arbeit suchen, sich bewerben
sprog, -et, -0	Sprache
fiskemelsfabrik	Fischmehlfabrik
fast	fest
fri	frei
pause, -n, -r	Pause
kantine, -n, -r	Kantine
nok	genug
fagforening, -en, -er	Gewerkschaft
jeg er imod ...	ich bin gegen ...
strejke, -ede, -et	streiken
for tiden	zur Zeit
arbejdsplads, -en, -er	Arbeitsplatz
være i lære	in der Ausbildung sein
halvandet år	anderthalb Jahr

2

hvad laver de?	was machen sie (beruflich)?
problem, -et, -er	Problem

3

firma, -et, -er	Firma
læge, -n, -r	Arzt, Ärztin

4

farlig	gefährlich
kedelig	langweilig, trist
snavset	schmutzig

5

sæt numre på	numerieren Sie
løn, -nen	Lohn
chef, -en, -er	Chef
behagelig	behaglich, angenehm
atmosfære, -n, -r	Atmosphäre
arbejdsforhold, -et	Arbeitsverhältnis
kollega, -en, kolleger	Kollege

Lektion 26

1

krop, -pen, -pe	Körper
hoved, -et, -er	Kopf, Haupt
øre, -t, -r	Ohr
øje, -t, øjne	Auge
næse, -n, -r	Nase
mund, -en, -e	Mund
hals, -en, -e	Hals
ansigt, -et, -er	Gesicht
ryg, -gen, -ge	Rücken
arm, -en, -e	Arm
mave, -n, -r	Magen, Bauch
finger, -en, fingre	Finger
ben, -et, -0	Bein
fod, -en, fødder	Fuß

2

hvad fejler du?	was fehlt dir?
fejle, -ede, -et	fehlen
hun har ondt i halsen	der Hals tut ihr weh
have ondt i ...	wehtun

3

syg	krank
føle sig utilpas	sich nicht wohl fühlen
utilpas	unwohl, unpäßlich
rask	gesund
fryse, frøs, frosset	frieren
forfærdelig	schrecklich, furchtbar
hovedpine, -n	Kopfschmerzen
feber, -en	Fieber
termometer, -met(e)ret, -metre	Thermometer
forsigtig	vorsichtig
lægevagt, -en	ärztlicher Bereitschaftsdienst
dreje, -ede, -et	drehen, abbiegen, hier: wählen
omegn, -en, -e	Umgebung
hverdag, -en, -e	Alltag
forkølet	erkältet
sommerhusområde, -t, -r	Ferienhausgebiet
hovedvej, -en, -e	Hauptverkehrsstraße
undersøge, -te, -t	untersuchen
slem	schlimm
rar	angenehm, nett
medicin, -en	Medizin
tage medicin	Medizin einnehmen
recept, -en, -er	Rezept
pille, -n, -r	Pille
daglig (Abk. *dagl.*)	täglich
det gør ondt	es tut weh
takke, -ede, -et	danken, sich bedanken
god bedring!	gute Besserung
den offentlige sygesikring	öffentliche Krankenkasse
tablet, -ten, -ter (Abk. *tabl.*)	Tablette
mod *smerter*	gegen Schmerzen
mod	gegen
smerte, -n, -r	Schmerz
underskrift, -en, -er	Unterschrift

4

skidt	schlecht
roman, -en, -er	Roman
mange tak	vielen Dank

Lektion 27

1

plaster, -et, plastre	
tand, -en, tænder	Zahn
tandlæge, -n, -r	Zahnarzt
mavepine, -n	Magen-/Bauchschmerzen
tandpine	Zahnschmerzen
ørepine	Ohrenschmerzen
brække, -ede, -et	brechen
slå, slog, slået	schlagen

jeg har slået mig	ich habe mich verletzt
skære, skar, skåret	schneiden

2

færdselsuheld, -et, -0	Verkehrsunfall
gennem	durch
hovedgade, -n, -r	Hauptstraße
derfra	daher, daraus
standse, -ede, -et	halten
køre ned	über-/anfahren
død	tot
ambulance, -n, -r	Krankenwagen
oprevet	aufgeregt, außer sich
telefonboks, -en, -e	Telefonzelle
uden for	(draußen) vor
forklare, -ede, -et	erklären
alarm, -en	Alarm
kalde, -te, -t	rufen
blot	bloß
brand, -en, -e	Brand, Feuer
alvorlig	ernst
ulykke, -n, -r	Unfall, Unglück
straks	sofort
efterhånden	nach und nach, allmählich
stadig	weiter, immer noch
heldigvis	glücklicherweise
få	wenig(e)
historie, -n, -r	Geschichte
skadestue, -n, -r	Unfallstation
det hele	das ganze
rapport, -en, -er	Bericht
politibetjent, -en, -e	Polizist
derhen	dahin
fuld	voll, hier: betrunken
hvad er der i vejen?	was ist los?

7

motorvej, -en, -e	Autobahn
opvaskemaskine, -n, -r	Geschirrspülmaschine
postkort, -et, -0	Postkarte
postnummer, -et, -numre	Postleitzahl
skibsdreng	Schiffsjunge
skib, -et, -e	Schiff

Lektion 28

1

tag det roligt!	etwa: immer mit der Ruhe!
slap af!	etwa: entspanne dich!
vække, -ede, -et	wecken
telegram, -met, -mer	Telegramm
tørre, -ede, -et	trocknen
opdage, -ede, -et	entdecken
virke, -ede, -et	funktionieren, wirken
hårtørrer, -en	Haartrockner
reparere, -ede, -et	reparieren
vi har (ikke) råd til ...	wir können uns ... (nicht) leisten
husleje, -n, -ne	Miete
klippe, -ede, -et	schneiden
mit hår skal klippes	mein Haar muß geschnitten werden
alligevel	sowieso
sig mig	hier: sag mal
få lov til	die Erlaubnis erhalten
må jeg få lov til ...	darf ich ...
rest, -en, -er	Rest
et eller andet	irgend etwas
en eller anden	irgend jemand
kat, -ten, -te	Katze
sulten	hungrig
mærkelig	merkwürdig
mæt	satt
dyrlæge, -n, -r	Tierarzt
falde, faldt, faldet	fallen
det er ikke rigtigt!	das ist nicht wahr! (Ausruf)
mens	während
låse, -te, -t	ab-/verschließen
annonceavis, -en, -er	Annoncenblatt
pakke, -n, -r	Paket
kassettebånd, -et, -0	Cassette
sang, -en, -e	Lied
hverken ... eller	weder ... noch
gavepapir	Geschenkpapier

papir, -et, -er	Papier
program, -met, -mer	Programm
film, -en, -0	Film
udstilling, -en, -er	Ausstellung
pragtfuld	prachtvoll, prächtig

3

mødetid og -sted	Treffpunkt und -zeit
udsolgt	ausverkauft

4

må jeg ...	darf ich ...
håndklæde, -t, -r	Handtuch
i stykker	kaputt

Lektion 29

1

enten ... eller	entweder ... oder
læse noget på universitetet	studieren
universitet, -et, -er	Universität
valg, -et, -0	Wahl
spændende	spannend, interessant
vælge, valgte, valgt	wählen
regering, -en, -er	Regierung
miljøproblemer	Umweltprobleme
miljø, -et, -er	Umwelt, Milieu
forurening, -en	Umweltverschmutzung
industristat, -en, -er	Industriestaat
industri, -en, -er	Industrie
verden, -en, -er	Welt
international	international
national	national
familiehøjskole	Familienheimvolkshochschule
(folke-)højskole, -n, -r	Heimvolkshochschule

5

inspiration, -en, -er	Inspiration
artikel, artiklen, -ler	Artikel
inspirerende	anregend
beslutte, -ede, -et	beschließen
gøre forsøget	den Versuch machen
ud fra	aus
ophold, -et, -0	Aufenthalt
komme til at fortryde	etwas bereuen
arrangere, -ede, -et	arrangieren
veloplagt	wohlgelaunt, gut aufgelegt
holde i ånde	auf Trab halten
motion, -en	Bewegung
folkedans, -en, -e	Volkstanz
oven i købet	obendrein

6

det er svært	es ist schwierig
svær	schwer, schwierig
udmærket	ausgezeichnet
ens	gleich
helt op til	bis zu
fag, -et, -0	Fach
litteratur, -en, -er	Literatur
historie, -n, -r	Geschichte
økonomi, -en	Wirtschaft(-swissenschaft)
demokrati, -et, -er	Demokratie
levestandard, -en	Lebensstandard
u-land (= underudviklet land)	Entwicklungsland
fattig	arm
eksamen, -en, -er	Examen, Prüfung
indtil	bis
vi regner med	wir rechnen (da)mit

7

jord, -en	Erde, Boden, Land

8

på gensyn!	auf Wiedersehen!

Alphabetisches Wörterverzeichnis

A
ad 19.4
adgang 21.8
adresse 2.14
af 16.2
af sted 10.3
afgang 19.1
afgå 23.7
afstand 16.5
aften 1.1
i (går) aftes 11.2
aftenkaffe 10.1
aftenskole 12.11
aftensmad 10.1
al, alt, alle 5.5
i alt 13.3
alt for 18.2
alarm 27.2
aldrig 12.6
allerede 19.1
allesammen 11.5
alligevel 15.2; 28.1
altan 3.7
altid 8.6
alvorlig 27.2
ambulance 27.2
anbefale 12.6
andelslejlighed 15.10
anden, andet, andre 6.2; 8.1; 8.6; 16.8
angående 24.5
ankomme 15.2
ankomst 16.6
ankomsthal 16.6
annonce 4.3
annonceavis 28.1
annoncere 24.5
ansigt 26.1
ansvar 21.8
antal 16.5
apotek 19.3
appelsinvand 15.7
april 6.10
arbejde (Subst.) 5.6; 10.2
arbejde (Vb.) 10.3
arbejdsforhold 25.5
arbejdskollega 25.5
arbejdsløs 23.2
arbejdsplads 25.1
arbejdstid 25.1
arm 26.1
arrangere 29.5
artikel 29.5
at 3.4; 4.3; 5.5
atmosfære 25.5
atter 20.4
august 6.10
avis 4.3

B
bad 10.2
bade 18.2
badeværelse 3.6
badminton 22.2
bag 17.5
bagage 16.6
bagefter 10.3
bager 7.4
bagved 17.5
bakke 18.8
bange 16.6
bank 6.7
bankospil 2.8
bar (Subst.) 12.8
bare (Adv.) 23.1
barn 5.1
barnebarn 5.1
bede 9.8; 12.6
god, bedre, bedst 3.9; 4.6; 15.5
bedring (god ~) 26.3
begge 8.9
begynde 22.5
behagelig 25.5
behager (hvad ~) 6.1
bekendt 5.5
ben 26.1
benzin 15.8
benzintank 19.3
besat 24.5
beskrive 14.5
beslutte 29.5
bestemme 12.6
bestemt 11.7
bestille 12.7; 16.3
besøge 11.1
betale 4.7
betræde 21.8
betyde 21.8
bibliotek 19.3
bil 4.3
billede 4.4
billet 23.7
billig 4.7
bilvask 24.2
biograf 11.1
bjerg 18.8
blad 20.4
blive 5.5; 8.7; 9.6
blomst 13.8
blomstret 14.4
blot 27.2
bluse 14.1
blæse 20.1
blød 16.7
blå 14.4

bo 2.10
bog 6.1
bomuld 14.12
bondegård 3.4
bord 4.4
bordtennis 22.2
brand 27.2
bred 16.7
brev 3.4
brevkasse 24.5
briller 6.1
bringe 20.4
bro 19.3
brochure 18.2
bror 5.1
bruge 4,4; 14.13
bruge til 24.4
brugsen 13.1
brun 12.6
brusebad 10.3
bruser 9.3
brække 27.1
brændeovn 11.5
brød 12.2
bukser 14.1
bus 7.6
busstoppested 16.4
butik 7.4
butikstider 7.4
buttet 15.10
by 2.11
bygge 16.1
bygning 23.3
bæger 13.2
bære 16.6
bøf 12.6
bøfsandwich 12.2
børnehave 25.1
båd 7.7
både ... og 22.5

C

ca./cirka 7.6
cafeteria 12.1
camping 1.9
campingplads 1.9
campingvogn 18.1
centimeter/cm 9.3
centrum 16.4
chance 20.7
chauffør 23.4
check 4.7
chef 25.5
chokolade 12.2
chokolademælk 12.2
cigaret 6.1
citronvand 12.5
cognac 15.6
cornflakes 13.1
cowboybukser 17.3
cykel 24.3
cykeludlejning 19.3
cykle 10.3

D

da 15.2; 16.6
dag 1.4
  i dag 5.5
dagens ret 12.6
daglig 26.3
dame 6.9
Danmark 1.6
danse 10.6
dansk 1.9
dansk bøf 12.6
dansker 24.5
danskvand 12.5
dato 8.5
datter 5.1
dav 1.4
davs 1.4
de 1.12
De 1.9; 1.12
december 6.10
dejlig 4.7
deltidsarbejde 25.1
dem 4.8; 17.2
Dem 3.9; 17.2
demokrati 29.6
den, det, de 1.8; 2.13; 3.7; 4.8; 6.5
denne 2.13; 4.9
dens, dets 6.5
der 1.9; 4.3; 5.5; 15.10
deres 6.2; 6.5
Deres 6.5
derfra 27.2
derhen 27.2
derop 15.2
derovre 23.5
dessert 12.6
desværre 5.5
dette 4.9
dig 7.6; 10.4; 17.2
din, dit, dine 3.3; 6.3; 6.5
direkte 23.4
diskutere 22.5
disse 4.9
dobbeltbillet 23.7
dobbeltværelse 16.3
dog 22.5
dreng 5.2
drikke 10.1
drikkepenge 12.6
du 1.2; 1.12
dum 6.9
dyb 18.2
dyr (Adj.) 4.7
dyr (Subst.) 21.8
dyrlæge 28.1
død 27.2
dør 3.6
dårlig 15.5; 20.1
dåse 13.2

E

efter 8.6
efterhånden 27.2
eftermiddag 10.1
efternavn 2.4
efterår 11.5

eje 6.2
eksamen 29.6
eksempel, f.eks. 2.7
ekspedere 24.5
ekspedient 4.7
ekspeditrice 25.1
ekstra 25.1
elektricitet 21.2
elektronisk 15.10
elevator 16.4
el-komfur 9.3
eller 5.6
ellers 8.6
elske 11.5
en, et 1.9; 2.6; 2.11; 2.12
  en eller anden 28.1
  et eller andet 28.1
end 15.6
ende 24.5
endnu 9.6
energi 21.2
engang 15.2
engelsk 25.1
englænder 24.6
enig 18.6
enkelt 9.3
enkeltværelse 16.3
ens 29.6
enten ... eller 29.1
entré 3.6
er 1.3; 1.12
et 2.11; 2.12

F

fabrik 25.1
fabriksarbejder 25.1
fag 29.6
fagforening 25.1
falde 28.1
familie 3.4
familiefest 5.5
familiehøjskole 29.1
far 5.1
farfar 5.5
farlig 25.4
farve 14.4
farveblyant 14.4
farvel 1.13
fast 15.10; 25.1
fattig 29.6
feber 26.3
februar 6.10
fejle 26.2
ferie 3.9; 12.12; 17.7
fest 5.5
film 28.1
fin(t) 2.1
finde 6.2; 8.6; 14.5; 20.5
finger 26.1
firma 25.3
fisk 11.9
fiske 22.2
fiskefilet 12.6
fiskemelsfabrik 25.1
fiskeri 21.8; 25.1
fisketur 18.2
fjernsyn 4.4
  se fjernsyn 10.2
flaske 12.5
flere, flest 15.5
flod 18.8
fly 7.7
flyrejse 8.7
flytte 7.12
flyve 8.7
fløde 12.6
fod 26.1
fodbold 10.6
fodre 21.8
folkedans 29.5
folkehøjskole 29.1
folketing 22.5
for 2.13; 4.7; 8.6; 13.9
  for at 8.6
  for resten 24.1
  for tiden 25.1
foran 17.5
forbi 19.4
forbinde 18.3
forbitret 24.5
forbudt 21.8
fordele (Vb.) 18.2
fordi 9.3
foredrag 22.5
forening 22.3
foreslå 18.2
forfærdelig 26.3
forgårs (i ~) 11.2
forkert 5.6
forklare 27.2
forkølet 26.3
forlade 16.11
formiddag 10.1
formiddagskaffe 10.1
fornavn 2.4
fornøjelse 13.12
forretning 4.7
forretningsmand 8.4
forretningsrejse 8.6
forsigtig 26.3
forsinket 16.6
forskellig 12.6
forstå 6.1
forsøg 29.5
fortælle 1.1; 3.4
forurening 29.1
forældre 5.1
forår 18.7
forårsrulle 12.2
fotografere 22.2
fotografiapparat 22.5
fra 1.5; 7.9
frakke 14.1
franc 6.8
franskmand 24.6
fred 22.9
fredag 7.4
fri 25.1
frimærke 6.1
frisk 12.6

frisør 5.5
fritid 22.2
frk., frøken 2.5
frokost 10.1
frokostpause 25.1
fru 2.5
frugt 13.1
fryse 20.1; 26.3
frysepunkt 20.5
fryser (Subst.) 9.3
fugl 18.8
fuld 27.2
fundet, s. finde
fylde 24.1
fyr 15.10
fælles 25.1
færdig 18.2
færdsel 21.8
færdselsuheld 27.2
færge 7.7
færre, færrest 15.5
fødselsdag 5.9
født 8.3
føle sig 25.1
før 5.5; 27.2
først 15.2
første 8.1
få (Vb.) 4.4; 28.1
få (Adv.) 15.5; 27.2

G

gade 2.10
gadekryds 19.4
gaffel 12.7
gammel 3.3; 15.5
gang 18.7
garage 3.7
gas 9.3
gave 22.5
gavepapir 28.1
gennem 27.2
gennemkørsel 21.8
gensyn 29.7
gentage 6.1
gerne 4.7; 16.3
gid 23.1
gide 17.4; 21.5
gift 5.2
give 12.6
glad 17.7
glas 12.5; 13.2
glemme 13.3
glæde 5.5
glædelig 21.1
god(t) 1.1; 2.1; 4.6
  god fornøjelse 13.12
  godt nytår 21.1
goddag 1.4
godnat 5.10
gram/g 13.2
grille 18.2
grillkylling 12.6
grim 14.10
grund 16.1
gruppe 1.6
græs 21.8
grøn 14.4
grønne ærter 12.6
grønthandler 13.1
grøntsager 13.1
grå 14.4
guitar 10.6
gul 14.4
gulv 3.6
gymnastik 22.2
gæster 11.1
gøre 2.11; 22.2; 26.3
gå 10.2; 10.8; 11.1; 25.1
gåde 5.3
går (i ~) 11.2
gård 2.11

H

haglbyge 20.5
hallo 2.2
hals 26.1
halv 7.1; 12.3; 13.2
halvanden, halvandet 12.3; 25.1
ham 17.1
han 1.6; 1.12
hans 5.5; 6.5
hav 9.3
have (Vb.) 2.1; 9.10; 11.1; 11.4
  have på 14.2
have (Subst.) 3.7
havefest 5.8
havn 19.3
havnekontor 19.3
hedder 1.1
hej 1.4
hel, helt, hele 5.5; 16.6; 21.2; 27.2
heldig 16.3
heldigvis 27.2
heller ikke 6.2
hellere, helst 12.6; 16.3
helligdag 7.10
hen, henne 4.7; 8.7; 23.6
hende 17.2
hendes 6.5
hente 7.6
her 2.7; 4.9
herre/hr. 2.4; 19.1
hilse 10.10
hilsen 3.4
himmel 20.1
hinanden 10.3
historie 27.2; 29.6
hjem, hjemme 8.4; 9.10; 10.7
hjertelig 5.9
hjælpe 4.7; 10.3
hjælpemiddel 9.3
hjørne 19.4
hobby 22.3
hobbyrum 23.6
Hof 12.6
hold 20.7
holde 16.6; 17.7; 21.8
hos 3.9

hotdog 12.2
hotel 2.14
hoved 26.1
hovedbanegård 23.7
hovedgaden 27.2
hovedpine 26.3
hr. 2.4
hun 1.6; 1.12
hund 15.10
hurtig 15.7
hus 2.11
huske 5.9; 13.7
husleje 28.1
husmor 25.1
hvad 1.2; 4.7; 6.1; 7.1; 7.6
hvad (Rel. pronom.) 22.7
hvad behager 6.1
hvem 6.2
hver 13.1; 20.4; 23.4
hverdag 26.3
hverken ... eller 28.1
hvid 12.6; 14.4
hvidvin 12.5
hvilken, hvilket, hvilke 4.6
hvịs 9.7
hvor 1.6; 3.3; 4.3; 6.9; 8.6; 8.7; 9.1; 15.2
hvordan 2.1
hvorfor 9.4
hvornår 6.10
hygge 11.1
hyggelig 2.13; 15.2
hænge 17.6
høj 15.2
højhus 8.1
højre 19.4
højskole 29.1
høre 10.3
håbe 3.4
hånd 19.4; 26.1
håndbold 22.2
håndklæde 28.4
håndværker 7.5
hår 15.2
hård 16.6
hårtørrer 28.1

I

I 1.12
i 1.9; 11.2; 11.6; 17.5
i alt 13.3
i orden 3.9; 12.6
idé 13.6
igen 10.9
ih 6.9
ikke 2.2
ild 12.7
imellem 20.4
imod 25.1
ind, inde 8.9; 23.5
inden 9.7
indgang 21.8
indkøb 4.7
indtil 29.6
industri 29.1
industristat 29.1
influenza 22.5
ingen 17.1
inspiration 29.5
inspirerende 29.5
instrument 22.1
intelligent 15.4
interessant 15.7
interesse 15.10
interessere sig for 22.3
interesseret 24.5
international 29.1
intolerant 15.10
invitere 8.6
is 12.6

J

ja 2.2
jakke 14.1
januar 6.10
jeg 1.1; 1.12
jer 3.4; 6.5; 10.4; 17.2
jeres 6.5
jo 2.1
job 25.1
jord 29.7
jordbær 12.6
jul 21.1
juleaften 21.1
julegave 22.5
juli 6.10
juni 6.10

K

kaffe 10.1
kage 13.1
kalde 27.2
kalender 8.4
kan, s. kunne
kantine 25.1
karbad 21.2
kartofler 12.6
kasse 4.7
kassettebånd 28.1
kat 28.1
ked af 13.8
kedelig(t) 24.7; 25.4
kende 2.13
kigge 8.6; 17.8
kilo/kg 13.2
kilometer/km 4.3
kirke 19.3
kjole 14.1
klar 24.1; 24.5
klare 12.9
klasseværelse 6.1
klippe 28.1
klit 11.5
klokken 7.1
knallert 21.8
kniv 12.7
kold 9.3

kollega 25.5
komme 1.5
kommunekontor 19.3
koncert 24.1
kone 3.3
kontor 10.3
kontordame 25.1
kop 11.8
korrespondent 15.10
kort (Adj.) 15.2
kort (Subst.) 5.9; 11.5; 19.1
koster 4.3
krig 23.2
kro 12.6
krone/kr. 4.3
krop 26.1
krydderi 17.3
kryds 16.4; 19.4
kuffert 16.6
kuglepen 6.1
kun 4.7
kunne, kan 4.6; 12.11; 21.5
kursus 13.6
kvadratmeter/m^2 3.7
kvart 7.1; 13.2
kvarter 23.3
kvinde 5.7
kvittering 23.3
kylling 12.2
kysse 20.4
kælder 3.7
kære 3.4
kærlig 11.5
købe 4.7; 5.5
købet 29.5
købmand 9.6
kød 13.1
køkken 3.6
køleskab 9.3
køre 3.9
køre ned 27.2
køreplan 7.10

L
lade 8.6; 17.4
lag 13.3
lakkonservering 24.2
lampe 4.4
land 2.11
landmand 25.1
landsby 2.11
landskab 18.8
lang 9.1; 11.5; 15.5
langsom 6.1
lav 18.2
lave 10.6; 10.5; 24.4; 25.2
ledig(t) 9.7
leg 6.6
lege 10.3
leje (Vb.) 3.9
til leje 9.3
lejekontrakt 9.7
lejlighed 2.11
let 15.10
leverpostej 13.3
levestandard 29.6
lide 4.6
lidt 6.1; 15.5
lige 5.10; 6.1; 7.9; 9.8; 11.8; 15.2; 18.8; 19.4
ligesom 18.2
ligge 9.8
liggevogn 23.8
lighter 6.1
ligne 15.2
lille 3.4; 15.5
linie 23.4
liste 17.1
liter/l 13.2
litteratur 29.6
liv 22.3
lommetørklæde 14.7
lov 28.1
luft 24.1
lufthavn 7.7
lukke 7.4
lukket 7.4
lutter 20.4
lyde 9.8
lykke (til ~) 5.9
lyskurv (Subst.) 19.4
lys (Adv.) 14.4
lyseblå 14.4
lyst 20.11
læge 25.3
lægevagt 26.3
lægge 14.11
længe 8.7
længere, længst 15.5
lære (Vb.) 11.1
i lære 25.1
lærer 14.2
læse 10.2; 10.3; 11.1; 29.1
løbe 22.2
løg 12.6
løn 25.5
lørdag 7.4
løs 21.8
låne 6.4
låse 28.1

M
m^2 3.7
mad 10.1; 10.2
mage 20.4
maj 6.10
male 14.4
maleri 11.5
man 4.9
mand 3.3
mandag 7.4
mange 4.3; 15.5
mangle 21.2
margarine 13.1
mark 18.8
marmelade 13.1
marts 6.10
maskine 7.7
masse 17.3
mave 26.1

mavepine 27.1
med 3.4
medicin 26.3
medisterpølse 12.6
medlem 22.3
meget 5.5; 12.11; 13.5; 15.5
mel 13.2
mellem 11.5
men 3.4
mene 6.9
menneske 5.5
mens 28.1
mere, mest 5.5; 15.5; 25.1
metal 24.4
meter/m 9.3
middag 8.6
middagsmad 10.1
midt 16.6
mig 2.2; 7.3; 8.6; 10.4; 17.2
miljø 29.1
miljøproblemer 29.1
min, mit, mine 1.3; 3.7; 6.5
minde 20.4
mindre, mindst 15.5
minus 2.9
minut 7.1
mod 26.3
modelbane 15.10
moderne 15.2
moms 24.2
mon 24.5
mor 5.1
morfar 11.5
morgen 1.4; 7.9; 10.1; 11.2
mormor 11.5
morsom 22.5
motion 29.5
motor 24.1
motorcykel 24.3
motorvej 27.7
mund 26.1
museum 11.5
musik 22.5
mælk 12.2
mærkelig 28.1
mæt 28.1
møbler 4.4
møde 17.3
mødested 28.3
mødetid 28.3
mørk 14.4
mørkeblå 14.4
må, s. måtte
måde 5.10; 21.6
måned 7.11
måske 4.1
måtte, må 4.7; 6.4; 8.6; 12.7; 13.1; 15.2; 21.5

N

nabo 1.7
nat 5.10
national 29.1
natur 15.10
navn 1.3
ned, nede 23.5
nederdel 14.1
nej 4.1
nem 24.5
netop 21.4
nogen, noget, nogle 4.6; 4.7; 5.2; 17.3
nok 3.9; 10.10; 25.1
nord 17.7
nordmand 24.6
Nordsjælland 15.10
normal 10.2
notere 3.5
november 5.5
nu 3.9
nul 2.6
nummer/nr. 2.7
ny(t) 4.4; 9.3
nyde 25.1
nytår 21.1
nytårsforsæt 21.2
nær 20.4
nærheden 9.8
nærmest 9.6
næse 26.1
næste 8.6
næsten 15.6
nødt til 24.1; 27.6
nødudgang 21.8
nødvendig 21.2; 27.6
nøgle 2.14
nå (Vb.) 16.6
nåh 2.4
når 17.8

O

officiel 24.5
ofte 8.6
og 1.9
også 1.5
o.k. 9.8
oksekød 13.1
oksesteg 13.3
oktober 6.10
olie 24.1
oliefilter 24.2
olieskift 24.2
om 3.4; 6.2; 7.4; 7.9; 12.6
omegn 26.3
omkring 18.2
område 3.5
områdenummer 3.5
ondt 26.2; 26.3
onsdag 7.4
op, oppe 23.5
opdage 28.1
ophold 29.5
oprevet 27.2
optaget 12.6
opvaskemaskine 27.7
ord 24.5
orden 3.9; 12.6
ordne 16.6
os 10.4; 17.2
ost 13.1

osv. 3.2
over 9.3; 7.1; 17.5; 19.1; 19.4
overdækket 9.3
overfor, over for 19.4
overskyet 20.1
ovre 23.3

P
pakke 6.2; 28.1
papir 28.1
par 14.1
parat 11.9
parforhold 15.10
park 19.3
parkere 16.6
parkeringsplads 16.6
parti 22.5
passager 16.6
passe 14.13; 18.6; 21.8
pause 25.1
peber 12.7
penge 6.7
pension 22.4
pensioneret 22.4
per/pr. 9.3; 13.5
perron 23.7
person 5.5
pige 5.2
pille 26.3
plade 17.3
plads 1.9
pladsbillet 23.7
plan 9.3; 18.2
plaster 27.1
plastic 24.4
plejer 15.2; 18.1
plus 2.9
politi 19.3
politibetjent 27.2
politik 22.5
politisk 22.5
politistation 19.3
pommes frites 12.1
pose 13.3
posthus 19.3
postkort 27.7
postnummer 27.7
pragtfuld 28.1
prikket 14.4
primitiv 18.2
pris 4.3
prisliste 12.2
problem 25.2
program 28.1
prøve 4.3; 14.13
pund 13.2
pæn(t) 8.6
pølse 12.1
på 1.9; 4.7; 7.5; 8.1; 17.5; 29.9
pålæg 13.1
påske 22.5

R
racediskrimination 24.5
radiator 21.2
radio 4.4
rapport 27.2
rar 26.3
rask 26.3
recept 26.3
reception 2.14
receptionschef 2.14
reel 15.10
regering 29.1
regn 20.1
regne 20.1
regne med 29.6
regnfrakke 14.1
regning 12.6
regnvejr 23.1
rejse (Vb.) 8.4
rejse (Subst.) 8.6; 8.10
rejsebureau 7.9
rejseleder 17.1
reklame 14.10
ren(t) 10.8
reol 4.4
reparere 28.1
reservere 15.2
rest 28.1
restaurant 9.6
resten (for ~) 24.1
ret 12.6
ret i 6.9
retning 24.5
returbillet 23.7
revisor 10.3
ribbensteg 12.6
ride 21.8
rigtig(t) 5.6; 11.5; 28.1
rindende 21.2
ringe 7.5
ring og rad 20.4
ristet, ristede 12.2
ro 22.2
rolig 16.6; 28.1
roman 26.4
rullepølse 13.3
rutebil 7.9
rutebilstation 19.3
rydde op 10.8
ryg 26.1
ryge 21.5
rygning 21.8
rød 12.1; 14.4
rødkål 12.6
rødvin 12.5
råbe op 17.1
råd til 28.1
rådhus 19.3

S
sal 8.1
salat 13.1
salon 16.4
salt 12.7
samle 11.5; 22.2
samme 24.5
sammen 11.5

samtale 7.6
sang 28.1
Schweiz 1.6
schweizer 24.6
schweizisk 6.8
se 4.7; 16.11
  se fjernsyn 10.2
  se ud 15.2
sejle 18.8
sejltur 19.1
sekund 7.11
selv 1.13
  selv om 24.5
  selv tak 1.13
selvbetjening 24.1
selvfølgelig 6.4
sen(t), senere 8.6; 12.6; 16.6
sende 9.6
seng 4.4
september 6.10
ses 16.11
seværdighed 17.7
schilling 6.8
sidde 18.2
side 16.3; 21.8; 23.3
siden 13.11
  for ... siden 13.9
sidst 3.1; 9.8; 11.2; 11.5
sig 10.3
sige 2.7; 4.3; 7.3; 23.4
sikkert 18.6
sild 13.1
sin, sit, sine 5.5; 20.6
situation 23.4
skab 4.4
skadestue 27.2
skak 22.2
skal, s. skulle
skam 8.6
skat 25.1
ske (Vb.) 24.5
ske (Subst.) 12.7
ski 14.3
skib 27.7
skibsdreng 27.7
skidt 26.4
skifte 23.4
skilt 21.8
skinne 20.1
skjorte 14.1
sko 14.1
skole 10.3
skolebus 10.3
skov 18.8
skrive 2.8; 3.4
skrivebord 4.4
skuffet 24.7
skulle, skal 4.4; 13.3; 15.1; 16.2; 21.5
sky 20.1
skydække 20.5
skyfri 20.8
skynde sig 16.6
skæg 15.2
skære sig 27.1
skøn 11.5
skål 12.6
slags 12.6
slagter 13.1
slank 15.10
slappe af 10.2
slem 26.3
slet ikke 4.6
slippe af med 24.5
slips 14.1
slå sig 27.1
smage 12.6
smal 16.6
smerte 26.3
smuk 15.2
smutte 24.5
smør 13.1
smørrebrød 10.1
små 14.6
snakke 8.9; 10.3; 13.1
snaps 15.6
snart 22.5
snavset 25.4
sne 20.1
social 24.5
sofa 4.4
sofabord 4.4
sol 20.1
solskin 20.4
som 15.2; 15.6; 25.1
som (Rel.pronom.) 11.5; 22.7
somme tider 10.9
sommer 14.3
sommerhus 3.9
sommerhusområde 26.3
sort 14.4
sove 10.2
soveplads 9.3
sovevogn 23.8
soveværelse 3.6
sparekasse 19.3
sparemetode 21.2
spejder 18.2
spejlæg 12.6
spille 10.6; 11.5; 22.1
spise 10.1
spisebord 4.7
spisekort 12.6
spor 23.7
sport 22.3
spredt 20.5
sprog 25.1
spændende 29.1
spørge 1.2; 6.7
stadig 27.2
standse 27.2
starte 24.1; 25.1
stat 25.1
station 16.4
statsborgerskab 24.5
sted 10.3; 16.6; 21.2
stemme 24.5
sten 18.8
stige 18.2
stille 16.4
stilling 24.5
stof 14.12

s-tog 24.3
stol 4.4
stolthed 24.5
stoppested 16.4
stor 2.13; 15.5
storm 20.1
stormagasin 25.1
straks 27.2
strand 9.3
strejke 25.1
stribet 14.4
strikke 22.1
strømper 14.1
stue 3.6
stuen (i ~) 8.1
stykke 13.2; 13.5
stykker (i ~) 28.4
støde sammen 11.5
støj 16.6
større, størst 15.5
størrelse 14.13
støvler 14.1
stå 16.6
stå af/på 23.4
stå op 10.2
sukker 13.1
sulten 28.1
supermarked 13.1
suppe 12.6
sur 15.10
svare 7.12
sweater 14.1
svoger 15.2
svært 29.6
svæve 20.4
svømme 18.2
svømmehal 19.3
sy 10.3
syd 17.7
syden 8.7
syg 26.3
sygehus 19.3
sygesikring 26.3
synes 4.7; 15.11
synge 22.1
sæbe 13.2
sælge 4.3
særlig 2.2
sætte 12.6; 16.4; 21.2
sætte 24.1
sø 18.8
sød 6.1; 15.2
søge 15.10; 25.1
søn 3.4; 5.1
søndag 7.4
sørge for 21.2
søskende 5.3
søster 5.1
så 2.3; 8.6; 9.7
sådan 8.6

T

tablet 26.3
tage 4.7; 10.3; 11.5; 12.12; 15.2; 17.7; 19.1; 24.3; 28.1
tak 1.9; 1.13; 2.13; 3.1; 5.10; 6.4; 6.11; 26.4
takke 26.3
tal 2.8
tale 1.9
tallerken 12.7
tand 27.1
tandlæge 27.1
tandpine 27.1
ta'-selv-bord 11.5
taske 6.1
tavshed 24.5
taxa 23.3
taxi 23.3
te 10.1
teater 11.1
tegne 15.3
teknisk 9.3
tekst 6.9
telefon 2.7
telefonboks 27.2
telefonnummer 2.7
telefontavle 3.5
telegram 28.1
telt 18.2
temmelig 25.1
temperatur 20.5
tennis 11.1
termometer 26.3
termostatventil 21.2
ternet 14.4
terrasse 3.7
tid 5.5; 7.4; 8.6; 9.6; 25.1
tidlig 25.1
til 3.9; 4.6; 10.1; 12.6
til lykke 5.9
tilbage 9.7
tilbud 13.1
tilfreds 15.9
time 7.11
ting 4.4
tirsdag 7.4
tit 10.9
tjene 25.1
tjener 12.5
tobak 17.3
tog 7.7
toilet 3.6
tom 13.3
tomat 13.2
torsdag 7.4
torv 19.5
trafik 16.6
trappe 3.6
travl 8.4
trist 25.1
tro 4.1; 20.7
trykke 2.7
træ 11.5; 18.8
trække 13.3
træt 8.6
trøje 14.1
tung 17.1
tur 8.10; 11.1; 21.6
turist 19.5
turistinformation 9.8
TV (television) 9.3

tvinge 24.5
tyk 15.2
tynd 15.2
tysk 5.3
tysker 24.6
Tyskland 1.6
tændrør 24.1
tændstikker 6.1
tænke 7.12; 13.7; 15.2; 17.7
tæppe 4.4
tætne 21.2
tøj 10.8
tørre 28.1
tørstig 12.11
tåge 20.1
tågedis 20.8
tåget 20.1

U
ud, ude 23.5
  ud fra 29.5
uddannelse 25.1
uddannet 15.10
uden 16.3
udenfor, uden for 27.2
udgang 21.8
udland 18.2
udleje 9.6
udlænding 24.5
udmærket 29.6
udsigt 9.3
udsolgt 28.3
udstilling 28.1
udvalg 21.2
uge 7.11
ugeblad 11.1
u-land 29.6
uld 14.12
ulykke 27.2
under 15.10; 17.5
undergrundsbane 24.3
underskrift 26.3
undersøge 26.3
undskyld 1.2
ung (Subst.) 23.1
ung (Adj.) 15.5
universitet 29.1
utilpas 26.3

V
valg 29.1
vand 9.3; 9.8; 12.1
vare 19.1
varm 9.3
vaske 10.2; 10.8
vaske op 10.8
ved 4.7; 17.4; 17.7
weekend 7.11
vej 2.10
veje 15.10
vejen (i ~) 24.1; 27.2
vejr 11.5
vejrmelding 20.5
veksle 6.7
vekslende 20.5
vel 1.9
velbekomme 12.6
velkommen 3.9
veloplagt 29.5
ven 3.3
veninde 3.3
venlig 3.4; 6.7
venstre 19.4
vente 16.6
verden 29.1
vest 17.7
Vesterhavet 11.5
whisky 15.6
vi 1.12
vide 8.4; 13.1; 15.2
videre 8.6
wienerbrød 13.1
vigtig 18.8
vil, s. ville
ville, vil 4.7; 8.4; 16.2; 21.5
vin 12.5
vind 20.1
vinde 24.5
windsurfing 18.8
vindue 3.6
vinter 14.3
virkelig 1.11
virker 28.1
vise 16.6
vist 17.1
vodka 15.6
vogn 16.6
voksen 5.7
volleyball 22.2
vores 3.4; 6.5
væg 3.6
væk 8.7
vække 28.1
vækkeur 10.9
vældig 21.1
vælge 29.1
være 1.12; 11.3; 11.4; 13.3; 13.7
værelse 2.11
værksted 24.2
værre, værst 15.5
værsgo' 3.9
værtshus 12.11
vågne 10.2
vår 20.4

Y
yngre, yngst 15.5
yoghurt 13.1

Æ
æble 15.7
æg 13.1
ægte 24.5
ægteskab 15.10
ældre, ældst 15.5
ærlig 15.10
ærte 12.6
æske 13.2

Ø
ø 2.13
øje 26.1
øjeblik 7.9
økonomi 29.6
økonomisk 25.1
øl 12.5
ønske 21.1; 21.2
øre 12.3
øre 26.1
ørepine 27.1
øst 17.7
Østrig 1.6
østriger 24.6
østrigsk 6.8
øve 5.8

Å
å 18.8
åben 7.4
åbne 7.4
åh 4.1
ånde 29.5
år 3.3; 18.2
årstal 4.2

Grammatikregister

Die Zahlen verweisen sowohl auf die Lektionsnummern im Lehrbuch als auch auf die zusätzlichen Erklärungen zur Grammatik im Arbeitsbuch.

Adjektive
  Deklination 5.2; 7.13; 14.6; 14.9
  Steigerung 15.4; 15.5
  Vergleiche 15.6
  zusammengesetzte Adjektive 14.4
Adverbien 14.9
  Ortsadverbien 10.7; 23.5
  Stellung im Satz 25.6
  Zeitadverbien 10.9; 18.7
Artikel
  bestimmter Art. (den, det, de) 7.13
  unbestimmter Art. (en, et) 2.12
Bejahung 6.1
bestimmter Artikel s. Artikel
Bewegungsverben s. Verben
Brüche s. Zahlwörter
både ... og s. Konjunktionen
Deklination s. Adjektive
Demonstrativpronomen s. Pronomen
Deponenzien s. Verben
enten ... eller s. Konjunktionen
formelles Situativ s. Pronomen
Futur s. Verben
Genitiv s. Substantive
Genus s. Substantive
Geschlecht s. Substantive
Grundzahlen s. Zahlwörter
hverken ... eller s. Konjunktionen
Imperativ s. Verben
Imperfekt s. Verben
Indefinitpronomen s. Pronomen
Infinitiv s. Verben
Inversion 10.5; 26.6
Konjunktionen
  både ... og 29.4
  enten ... eller 29.4
  hverken ... eller 29.4
Konsonantenverdoppelung (Substantive) 2.12
Lautverschiebung s. Substantive
Modalverben s. Verben
Ordnungszahlen s. Zahlwörter
Ortsadverbien s. Adverbien
Partizip Perfekt s. Verben
Passiv s. Verben
Perfekt s. Verben
Personalpronomen s. Pronomen
Plural s. Substantive
Possessivpronomen s. Pronomen
Präpositionen 13.2; 17.5; 17.7; 18.1; 19.4; 24.3; 25.3
Präsens s. Verben
Pronomen
  Demonstrativpronomen 4.9
  formelles Situativ (det) 1.8; 4.7; 14.13; 20.1
  formelles Situativ (der) 9.1; 19.3
  Indefinitpronomen 6.8; 16.8; 17.3
  Personalpronomen, Nominativ 1.12; 3.8; 4.8
  Personalpronomen, Objekt 17.2
  Possessivpronomen 3.8; 6.3; 6.5; 20.6
  Reflexivpronomen 10.4
  Relativpronomen 22.7
Reflexivpronomen s. Pronomen
Reflexivverben s. Verben
Relativpronomen s. Pronomen
Singular s. Substantive
Steigerung s. Adjektive
Stellung der Adverbien im Satz s. Adverbien
Substantive
  Genitiv 6.6
  Geschlecht (Genus) 2.12
  Geschlecht bei zusammengesetzten Substantiven 3.10
  Konsonantenverdoppelung 2.12
  Lautverschiebung 5.4
  Plural, bestimmte Form 7.13
  Plural, unbestimmte Form 4.5; 5.4
  Singular, bestimmte/unbestimmte Form 2.12

zusammengesetzte Substantive 27.7
unbestimmter Artikel s. Artikel
Verben
Bewegungsverben 13.7–13.11
Deponenzien 16.11
Futur 13.1; 15.1; 20.9
Imperativ 9.5; 9.10; 21.6
Imperfekt 11.1; 11.4; 13.9
Infinitiv 6.1; 9.9
Modalverben 9.9; 13.1; 16.2; 21.5
Partizip Perfekt 13.7
Passiv 21.1; 21.8; 27.2
Perfekt 13.7
Präsens 1.12
Reflexivverben 10.4
Wiederholung des Verbs in Antwortsätzen 22.3
zusammengesetzte Verben 9.9; 13.7
Vergleiche s. Adjektive
Wiederholung des Verbs in Antwortsätzen s. Verben
Wortstellung 26.6
Adverbien 25.6
Inversion 10.5; 26.6
Zahlwörter
Brüche 13.2
Grundzahlen 2.6; 3.2; 3.5; 4.2
Ordnungszahlen 8.2
Zeitadverbien s. Adverbien
Zeitangaben 4.2; 7.1; 7.4; 7.5; 7.8; 7.11; 8.3; 8.5; 10.9; 11.2; 12.6; 13.9; 13.11; 18.2; 18.7; 21.1; 28.5
zusammengesetzte Adjektive s. Adjektive
zusammengesetzte Substantive s. Substantive
zusammengesetzte Verben s. Verben

Quellenverzeichnis

Der Verlag dankt den folgenden Personen, Institutionen und Unternehmen für ihre freundliche Genehmigung zum Abdruck von Copyright-Material:

Alle Fotos: Annegret Jöhnk, Norderstedt, außer
S. 16: Ktas, København
S. 62: Hans Günter Kiesel, Norderstedt
S. 82 oben: Lennard/Dän. Fremdenverkehrsamt, Hamburg
S. 111: Eidek/Dän. Fremdenverkehrsamt, Hamburg

Cartoons:
S. 60: © 1987 King Features Inc./Distr. BULLS
S. 62: © Storm P.-Museet, København
S. 64: © Hans Qvist-tegnestue

Kartenauszüge:
S. 22, S. 92: ADAC-Zentrale, München
S. 99: Berlingske Tidende, København

Texte, Werbung, Anzeigen:
S. 23, S. 48, S. 64: Flensburg Avis
S. 98, S. 116, S. 136: Gutenberghus Bladene, København
S. 102: Routine-Centrale, København
S. 128: Ktas, København
S. 138: Højskolernes Sekretariat, København